8° Z 9890 (6)

Paris
1862

Jourdain, Charles-Marie-Gabriel Brechillet (ed.)

L'université de Toulouse au XVII° siècle

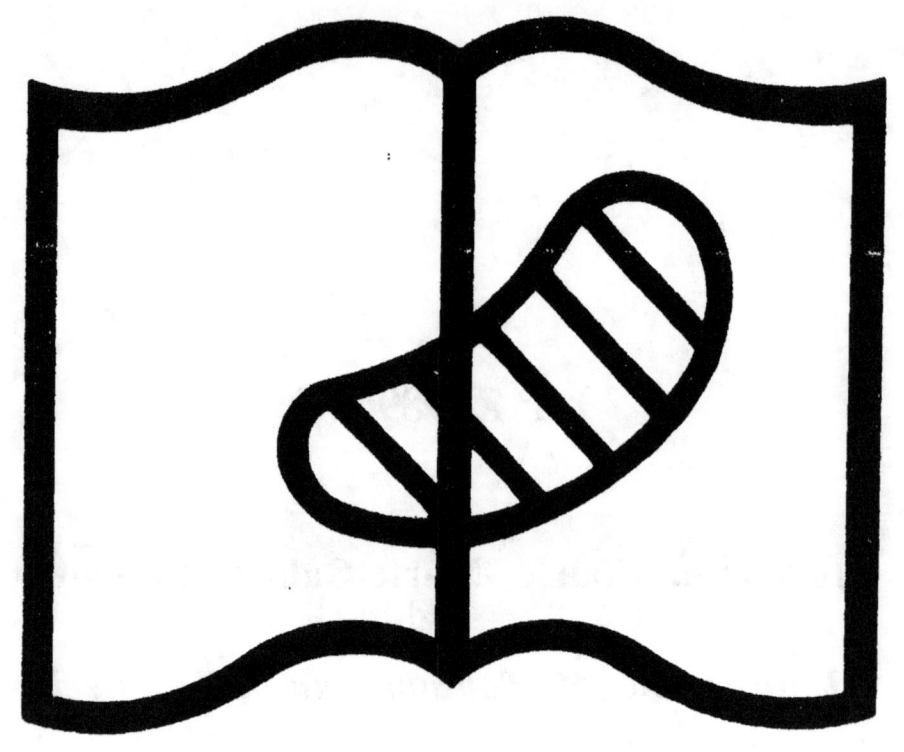

Symbole applicable
pour tout, ou partie
des documents microfilmés

Original illisible

NF Z 43-120-10

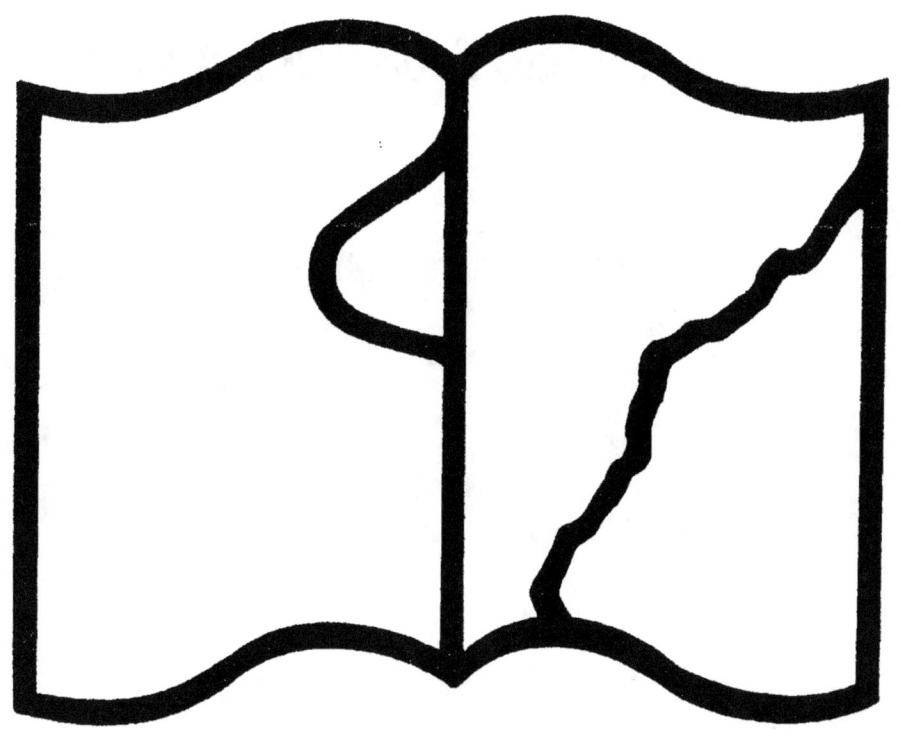

**Symbole applicable
pour tout, ou partie
des documents microfilmés**

Texte détérioré — reliure défectueuse

NF Z 43-120-11

L'UNIVERSITÉ DE TOULOUSE

AU DIX-SEPTIÈME SIÈCLE.

DOCUMENTS INÉDITS

PUBLIÉS

PAR

Charles JOURDAIN

Chef de division au Ministère de l'instruction publique et des cultes.

PARIS

AUGUSTE DURAND, LIBRAIRE,

RUE DES GRÈS, 7.

MDCCCLXII.

Extrait de la *Revue des Sociétés savantes*, septembre et octobre 1862.

L'UNIVERSITÉ DE TOULOUSE

AU DIX-SEPTIÈME SIÈCLE

La bibliothèque de l'Arsenal possède, sous le n° 823 HF, un recueil in-folio manuscrit, composé de notes, mémoires, lettres, rapports et autres documents relatifs à l'Université de Toulouse. Il serait sans intérêt de donner le catalogue complet de ces pièces, dont plusieurs n'ont qu'une importance très-médiocre : nous nous contenterons de dire qu'elles paraissent provenir des papiers de M. de Paulmy; qu'elles ont été depuis peu réunies, comme l'indique la reliure toute récente du volume; enfin, que la plupart concernent la Faculté de droit, et se rattachent à l'exécution de l'édit du mois d'août 1679, portant règlement pour l'étude du droit canonique et civil.

Ce sage édit, préparé par les soins du chancelier Le Tellier, était le couronnement nécessaire des admirables ordonnances qui, dans les belles années du règne de Louis XIV, venaient de renouveler presque toutes les branches de la législation nationale. Non-seulement il pourvoit à tout ce qui concerne la discipline, l'ordre et la distribution des leçons, le temps des études, la collation des grades ; mais voulant ne rien omettre de ce qui pouvait servir à l'instruction de ceux qui entreraient un jour dans les charges de judicature, le roi annonce l'établissement de chaires de droit français, consacrées à l'explication des édits et coutumes en vigueur dans le royaume. Les conseillers du prince qui lui avaient suggéré ces salutaires ordonnances n'entendaient pas qu'elles restassent une lettre morte. Aussi, dès qu'elles furent promulguées, le gouvernement s'empressa-t-il de recueillir les informations nécessaires pour arrêter la rédaction définitive des règlements qui devaient être donnés aux différentes Facultés de droit. On possède le recueil imprimé de ceux de ces règlements qui furent mis en vigueur dans l'Université de Paris (1); quelques autres, concernant les Universités de Bourges, Orléans, Poitiers, Reims et Angers, existent à la Bibliothèque impériale, *Coll. Thoisy*, UNIVERSITÉ, in-f°, t. III. M. Henri d'Aguesseau, le père de l'illustre chancelier de ce nom, était alors intendant du roi dans la province de Languedoc; chargé par un mandat spécial de pourvoir à l'exécution de l'édit de Louis XIV dans les écoles de la province, il eut plusieurs conférences avec le doyen et les professeurs de la Faculté de droit de Toulouse; de plus, il fit une enquête sur les collèges de la ville qui possédaient des bourses destinées aux étudiants en droit canonique ou en droit civil (2). Le rapport qu'il dressa en conséquence est une des pièces les plus curieuses du recueil de la bibliothèque de l'Arsenal : il forme environ 36 feuillets in-folio, et porte, avec la signature originale de l'éminent magistrat, la date du 1ᵉʳ juillet 1680.

Mais l'enseignement juridique n'est pas la seule branche des études qui ait attiré les regards du gouvernement de Louis XIV. Dès les premières années de l'administration de Colbert, ce grand ministre, frappé de la décadence des Universités, s'était vivement préoccupé des améliorations à introduire dans leur régime. Les lettres patentes du 24 octobre 1666 instituèrent une commission dans laquelle siégeaient M. de Lamoignon et plusieurs conseillers d'Etat pour la ré-

(1) *Edit du roy portant règlement pour l'estude du droit canonique et civil dans tout le royaume et le rétablissement du droit civil en la Faculté de droit canon en l'Université de Paris*, etc. Paris, 1860, in-4°. On trouvera une analyse étendue de cet édit dans notre *Histoire de l'Université de Paris au dix-septième et au dix-huitième siècle*. Paris, 1862, in-folio, p. 247 et suivantes.

(2) Le manuscrit de la bibliothèque de l'Arsenal contient l'original sur parchemin de la commission qui fut donnée par le roi à M. d'Aguesseau.

forme de l'Université de Paris. Bien que ce projet, par l'effet des guerres continuelles qui troublèrent le règne de Louis XIV, n'ait abouti à aucun résultat sérieux, il ne paraît pas avoir été jamais abandonné. Ce qui est constant, c'est que des mesures analogues furent prises pour les Universités de province, comme on peut le conclure de la commission que M. Boucherat reçut à cet effet pour la Bretagne (1). En Languedoc, le roi désigna également des commissaires pour faire une sérieuse enquête et donner leur avis sur les moyens de réformer les Universités de Toulouse et de Montpellier : ce furent l'archevêque de Toulouse, M. Charles d'Anglure de Bourlemont, et le conseiller d'État qui exerçait alors les fonctions d'intendant de la province, M. Claude Bazin, seigneur de Bezons. Une copie du rapport ou procès-verbal qu'ils dressèrent en avril 1668, à la suite de minutieuses informations, précède le rapport de M. d'Aguesseau dans le recueil de la bibliothèque de l'Arsenal ; elle remplit environ 30 feuillets in-folio. Une autre copie du même document est conservée à la bibliothèque de la ville de Toulouse; son existence y a été signalée dès 1847 par M. Benech, qui en cite plusieurs passages dans son savant Mémoire sur l'enseignement du droit français (2).

Après l'Université de Paris, celle de Toulouse était la plus ancienne. Sa fondation remonte au traité de paix qui termina en 1229 la guerre sanglante des Albigeois (3). Une clause de ce traité, vivement réclamée par l'évêque Folquet de Marseille, qui s'était fait un nom comme troubadour avant de prendre l'habit ecclésiastique (4), impose au comte Raymond l'obligation d'entretenir à Toulouse, pendant dix années, quatre maîtres en théologie, deux en décret, six pour les arts libéraux et deux pour la grammaire. Une bulle du pape

---

(1) *Bibl. imp.*, recueil Thoisy, Université, in-fol., t. III, p. 77, *Mémoire au sieur Boucherat, conseiller ordinaire du roi en ses conseils et son commissaire en Bretagne sur le sujet de la réformation des Universités*. Cf. *Histoire de l'Université de Paris au dix-septième et au dix-huitième siècle*, p. 228 et suivantes.

(2) *De l'enseignement du droit français dans la Faculté de droit civil et canonique de l'ancienne Université de Toulouse*, dans les *Mélanges de droit et d'histoire*, par M. Benech, Paris, 1857, i.-8°, p. 183 et suiv.

(3) *Rer. Franc. script.*, in-fol., t. XIX, p. 220; du Boulay, *Hist. Univ. Paris.*, t. III, p. 128 et 149.

(4) *Hist. litt. de la France*, t. XVII, p. 588-603.

Grégoire IX, du 29 avril 1233, confirma la nouvelle institution, et lui accorda les garanties que les écoles publiques recevaient alors du Saint-Siége. Dans un poëme latin *Sur les triomphes de l'Eglise* (1), un contemporain, Jean Garlande, qui professa trois années à Toulouse, donne de curieux détails sur les commencements de la nouvelle Université. S'il faut en croire son témoignage, la *Physique* d'Aristote était librement enseignée dans la capitale du Languedoc à l'époque même où elle était proscrite à Paris.

Mais, quelque intérêt qu'un pareil sujet puisse offrir, ce n'est pas ici le lieu de raconter les vicissitudes des écoles toulousaines. Bornons-nous à dire que vers le milieu du dix-septième siècle l'Université de cette ville se composait de quatre Facultés, inégalement prospères, celle de théologie, celle de droit, celle de médecine et celle des arts. La Faculté de droit, la plus célèbre de toutes, avait sur les autres ce privilége, que le recteur était toujours tiré de ses rangs. Chacun de ses professeurs, à tour de rôle, remplissait durant trois mois les fonctions rectorales. Elle possédait six chaires pour l'enseignement du droit canon et du droit civil. Ces chaires se donnaient en général à la suite d'un concours, sous l'approbation du Parlement. Tous les docteurs et licenciés en droit des Universités du royaume, sans distinction, étaient admis à concourir. Parmi les juges siégeaient non-seulement les professeurs de la Faculté de droit, mais ceux des autres Facultés, et quatre étudiants, bacheliers en droit. Une exception à la règle avait lieu lorsqu'il se présentait comme candidat quelque personnage d'un mérite extraordinaire que l'on avait déjà vu disputer quelque chaire avec approbation ; dans ce cas, le candidat pouvait être élu sans concours, sous la condition de réunir les deux tiers au moins des suffrages ; ce mode d'élection portait le nom de *postulation*. Chaque professeur recevait 764 livres, accordées par le roi sur les gabelles de la province ; cet émolument s'augmentait de quelques autres revenus et d'une part dans les rétributions scolaires acquittées par les étudiants, rétributions qui, pour les trois grades du baccalauréat, de la licence et du doctorat, for-

---

(1) Ce poëme a été savamment analysé par M. Victor Le Clerc, *Hist. litt. de la France*, t. XXII, p. 77-109.

maient un total de 146 livres 8 sous 6 deniers. Les cours avaient été si fréquentés autrefois que les salles où ils se donnaient pouvaient contenir jusqu'à huit cents auditeurs ; en 1668, certains cours n'en comptaient plus que cinquante à soixante.

La Faculté de théologie possédait trois chaires de fondation royale et quatre chaires établies dans les couvents des Carmes, des Dominicains, des Augustins et des Bernardins. Un modique revenu de 193 livres 9 sous sur les gabelles de la province était attaché aux chaires de fondation royale. La somme était si faible que, malgré leur titre, ces chaires étaient occupées le plus souvent par des religieux : elles se donnaient d'ailleurs au concours, selon le mode en usage dans la Faculté de droit. L'enseignement était très suivi : on citait des cours qui comptaient en 1668 deux à trois cents auditeurs.

La Faculté de médecine était la moins florissante : elle avait trois professeurs seulement, et à peine une trentaine d'étudiants.

La Faculté des arts, instituée en même temps que les autres, avait conservé de siècle en siècle depuis son établissement deux chaires consacrées à l'explication de divers traités de philosophie, au choix du professeur. Mais ce qui faisait sa véritable importance, en dehors de ces cours peu rétribués et peu fréquentés, c'étaient les deux grands colléges où s'enseignaient les humanités et la grammaire, le collége de l'Esquille, tenu par les pères de la Doctrine, et le collége des Jésuites. Neuf cent soixante élèves suivaient les classes du collége de l'Esquille. Son personnel se composait d'un recteur, chargé du gouvernement de la maison ; d'un procureur ou syndic, pour l'administration économique ; un préfet, pour la direction des classes ; un principal, pour la conduite des pensionnaires et des boursiers ; deux régents pour la philosophie ; un pour la rhétorique ; un pour la seconde ; quatre pour les classes de grammaire ; six jeunes frères pour les répétitions ; deux prêtres pour suppléer les régents malades ; trois frères lais pour les offices de la maison. Le collége des Jésuites était établi sur une base et dans des proportions encore plus larges. Outre un recteur, arbitre de la discipline et des études, il avait deux préfets, quatre régents de théologie, deux de philosophie, deux de rhétorique, l'un pour l'éloquence et l'histoire, l'autre pour le grec et la poésie, cinq autres régents pour les classes inférieures. Il n'y avait pas de classe qui ne fût fréquentée par un nombre considérable d'écoliers : on en comptait environ 200 dans celles de philosophie et de théologie, et de 120 à 150 dans chacune des autres classes; le total dépassait 1,200 élèves. Malgré l'éclatant succès de son enseignement, la Compagnie de Jésus n'était pas à l'abri de tout reproche; certains la blâmaient de confier les chaires à des maîtres jeunes et sans expérience, « qui auraient eu autant besoin d'être enseignés que les écoliers eux-mêmes. »

Indépendamment de ses deux colléges de plein exercice, l'Université avait quelques maisons appelées aussi *colléges*, mais dans lesquelles aucune chaire n'existait, et qui servaient seulement à l'habitation des étudiants, surtout des étudiants en droit pourvus de bourses; tels étaient les colléges de Saint-Martial, de Saint-Raymond, de Narbonne, de Mirepoix, de Périgord, de Foix, de Sainte-Catherine, de Maguelonne et de Secondat. Les hôtes de ces colléges, que dans la langue du pays on nommait *collégials*, menaient, à ce qu'il paraît, une vie assez peu édifiante. Leurs principaux exercices, au rapport de MM. d'Anglure et Bezons, étaient « de porter épée et de battre le pavé de jour et de nuit. Et lesdits colléges, continuent les commissaires royaux, sont devenus des lieux de débauche, où l'on tient des maistres d'armes et de danse : de sorte que c'est assez dire qu'un homme est collégiat pour dire qu'il vit dans toute sorte de déréglements. »

Au reste, à Toulouse, comme dans la plupart des Universités, les abus s'étaient fort multipliés. Les étudiants avaient pleine liberté pour s'affranchir des conditions de scolarité fixées par les statuts. Ils se présentaient aux examens sans produire aucun certificat d'études, ou simplement munis d'attestations délivrées par leurs condisciples. Une argumentation dérisoire, qui se passait entre eux, dans la salle des cours, sous l'œil du professeur, suffisait pour obtenir le baccalauréat et la licence; quelquefois il arrivait que les grades fussent délivrés sans aucune épreuve préalable. Les professeurs, dégoûtés de leurs fonctions, se montraient aussi peu attachés à la règle que les écoliers eux-mêmes; ils poussaient si loin l'inexactitude qu'on en vit s'absenter pendant plusieurs mois, en laissant le soin du cours à des suppléants inconnus et incapables, qui faisaient fuir la jeunesse.

Tous les faits qui précèdent sont empruntés aux deux Mémoires que nous avons retrouvés à la bibliothèque de l'Arsenal. Ces Mémoires, comme nous l'avons dit plus haut, ont été rédigés après une enquête minutieuse, dans laquelle un grand nombre de témoins furent entendus. De plus, les commissaires royaux ont eu sous les yeux et ont pris soin de résumer les titres de fondation et les statuts des divers établissements. Ils ont pu ainsi approfondir et ils font connaître en détail, d'après des sources irrécusables, l'état ancien de l'Université de Toulouse et son organisation au dix-septième siècle, le régime intérieur de ses Facultés et de ses colléges, la distribution de l'enseignement, la condition des professeurs, le genre de vie des écoliers, les mesures proposées pour la réforme des abus. Nous avons eu rarement l'occasion de rencontrer des documents plus précieux pour l'histoire des institutions scolaires pendant le règne de Louis XIV.

Boulainvilliers, il est vrai, au second volume de l'*État de la France* (1), a inséré l'extrait d'un rapport de M. de Lamoignon de Basville, daté de 1698, et contenant quelques détails sur les Facultés et les colléges de l'Université de Toulouse. Mais ce trop court fragment ne donne que des notions très-incomplètes même sur la Faculté de droit, celle de toutes qui paraît avoir le plus attiré l'attention de Boulainvilliers.

Autant que nous pouvons en juger, la publication des documents que renferme le manuscrit de l'Arsenal ne sera donc pas sans utilité pour les futurs historiens de l'instruction publique sous l'ancienne monarchie. Ayant à choisir entre le rapport de MM. d'Anglure et Bezons et celui de M. d'Aguesseau, nous nous sommes décidé pour le premier, qui est beaucoup plus complet; car il embrasse l'Université tout entière, tandis que le Mémoire de d'Aguesseau concerne seulement les colléges sans exercice. Ce dernier rapport toutefois, en quelques parties, contient des développements qui nous ont paru bons à recueillir, et qu'on trouvera au bas des pages sous forme de notes.

Frappés de l'état misérable des petits colléges et des abus qui s'y étaient glissés, MM. d'Anglure et Bezons avaient proposé de conser-

---

(1) *État de la France*, etc., Londres, 1727, in-fol., t. II, p. 523.

ver ceux de Saint-Martial, de Foix et de Périgord, d'y réunir une partie des bourses fondées dans les autres colléges et de supprimer entièrement ceux-ci. Une mesure analogue avait été à plusieurs reprises projetée à l'égard des petits colléges de l'Université de Paris, qui dépérissaient faute de ressources suffisantes pour les alimenter; mais ce dessein avait toujours rencontré d'insurmontables résistances. Il ne paraît pas qu'il ait eu plus de succès à Toulouse; car, douze ans plus tard, M. d'Aguesseau, comme le constate son rapport, trouva encore debout les tristes établissements que MM. d'Anglure et Bezons avaient conseillé au roi de ne pas maintenir.

RAPPORT

SUR L'ÉTAT DE L'UNIVERSITÉ DE TOULOUSE EN 1668

PAR

MM. Charles D'ANGLURE DE BOURLEMONT, archevêque de Toulouse,

ET

Claude BAZIN, seigneur de Bezons, conseiller d'Etat.

Charles d'Anglure de Bourlemont, archevesque de Toulouze, et Claude Bazin, chevallier, seigneur de Bezons, conseiller ordinaire du roy en ses conseils, intendant de justice, police et finances en la province de Languedoc. Sa Majesté nous ayant ordonné par l'arrest rendu en son Conseil d'estat, le xxıv° octobre 1667, de luy donner avis sur les abus des Universités de Toulouse et Montpellier et des colléges en deppendans, ensemble des moyens que nous jugerions les plus propres pour les faire cesser, et nostre avis veu et rapporté audit Conseil, estre pourveu par Sa Majesté au restablissement et resformation desdites Universités et colléges: nous, pour l'exécution dudit arrest, et sur la réquisition du sieur de Froidour, conseiller du roy, président et lieutenant général civil et criminel au bailliage et en la maistrise des eaux et forests du comté de Marc et Lafère, que nous avons pris pour faire la fonction de procureur du roy en ladite commission, avons rendu ordonnance du xıx mars dernier, portant qu'à sa requeste et à la poursuite et diligence du scindic général de ladite province, tous les scindics principaux, chefs et administrateurs des colléges de l'Université de Toulouze seroient tenus de remettre au greffe de ladite commission, entre les mains de M. Christophe Mariotte, greffier des estats de ladite province, les statuts et règlemens tant de ladite Université, que des Facultés en deppendantes et des colléges, leurs fondations, les estats de leurs revenus, le nombre de leurs professeurs, régens, boursiers et autres supposts de ladite Université et colléges; à laquelle fin ils seroient assignés; et deffenses cependant leur seroient faites de rien faire contre et au préjudice dudit arrest; et d'autant mesme qu'il estoit venu à nostre connoissance qu'il y a deux chaires de professeurs en médecine vaquantes; nous, en vertu du pouvoir à nous donné par Sa Majesté, aurions fait deffenses aux autres professeurs de ladite Faculté de faire procéder ausdites disputes desdites chaires, jusques à ce qu'autrement, aprez nostre avis donné et règlement fait par Sa dite Majesté, il en ayt esté ordonné.

Et comme au moyen des significations que ledit procureur du roy auroit fait faire de nostredite ordonnance, le bruit de la réformation de ladite Université et des colléges en deppendans s'estant respandu par toute la ville de Toulouze, toute sorte de personnes indifféremment se seroient présentées pour l'obtention des degrés, en telle foule que, les jours fériés ne suffisant point pour leur réception, les professeurs y employoient les jours des festes tous entiers, sans y observer aucune formalité, et avec une précipitation qui en faisoit manifestement connoistre l'abus : nous aurions trouvé à propos d'y remédier par nostre ordonnance du cinquiesme avril présent mois, portant deffenses aux chanceliers, recteurs et suppots des deux Universités de ladite province d'admettre aux degrés de bachelier et de docteur aucune personne, et aux prieurs et directeurs particuliers des colléges de recevoir aucun escolier ou collégiat, pour parler aux termes de ladite province, à peine de nullité de leurs réceptions et de trois mil livres d'amende, jusqu'à ce qu'autrement il en ayt esté ordonné par Sa dite Majesté.

Et cependant le recteur et autres suppots de ladite Université de Toulouze et les prieurs des colléges en deppendans, nous ayant représenté les titres concernant leurs fondations et establissements et leurs anciens statuts et règlements, et après les avoir examinés avec ledit procureur du roy et M. Jean Boyer, scindic général de ladite province, résidant à Toulouze, nous avons fait comparoistre devant nous le recteur de ladite Université, ensemble les professeurs et docteurs régents et autres suppots d'icelle, mesmes plusieurs autres docteurs non régents, que nous avons interrogés et ouys, premièrement en corps d'Université, et ensuite séparément sur tous les points qui estoient à savoir, et par les esclaircissements que nous avons tirés, tant des responses et déclarations qu'ils nous ont faites, que des registres et des actes qu'ils nous ont représentés, nous avons reconnu ce qui en suit :

DE L'ANCIEN ESTAT DE L'UNIVERSITÉ.

Premièrement, que ladite Université a esté fondée en l'année 1228 (1), par Raymond, comte de Toulouse, qui fut obligé à ce faire par le pape et par le roy saint Louis, pour réparer les désordres que l'ignorance et l'hérésie des Albigeois avoient causés dans la pro-

(1) *Leg.* 1229.

vince; que les papes Grégoire IX et Innocent luy ont accordé plusieurs priviléges aussy bien que les roys prédécesseurs de Sa Majesté, par la libéralité desquels elle a esté considérablement augmentée.

Qu'elle estoit, comme elle est encore, composée des Facultés de droit canon et civil, de médecine et des arts.

Que la théologie estoit enseignée anciennement par huit professeurs, sept desquels estoient religieux, sçavoir : quatre des quatre ordres mendiants, un de l'ordre de Saint-Bernard, un de l'abbaye de Saint-Sernin, et un de l'abbaye de Saint-Estienne, lesquelles depuis ont esté sécularisées; et lesdits professeurs lisoient dans les scoles de leurs couvents et abbayes. Le huitiesme estoit professeur de l'Université, qui lisoit dans l'escole publique de ladite Université.

Que cette Faculté avoit un doyen sous lequel elle devoit faire ses assemblées séparément des autres Facultés, pour conserver sa discipline et réformer ses abus; qu'elle avoit la prescéance de toutes les autres et le droit de porter la parole; qu'elle avoit esté fondée à l'instar de celle de Paris; qu'il y a des anciens statuts de l'année 1410 qui règlent l'ordre que les escoles de cette Faculté doivent tenir.

Que les Facultés de droit canon et civil avoient six professeurs chacun; que le nombre des professeurs en médecine n'estoit pas limité; que celuy des professeurs aux arts estoit de huit, et le cours duroit trois ans; qu'il n'y avoit rien de réglé pour le nombre des maistres de rhétorique et de grammaire.

Que le droit s'enseignoit dans le lieu que l'on appeloit, et que l'on appelle encore aujourd'huy l'Université; qu'il y avoit une salle pour les professeurs en droit canon, une autre pour les professeurs en droit civil, et une troisiesme où devoient faire lecture ceux qui vouloient entrer en licence; que cette Faculté estoit la plus considérable par le grand nombre d'escoliers qui y venoient de toutes les contrées du royaume et des pays estrangers; que la médecine avoit aussy une salle particulière; que les arts et la grammaire s'enseignoient dans des colléges; et outre ces colléges il y en avoit aussy plusieurs autres où il ne se faisoit aucun exercice, dans lesquels il n'y avoit que des escoliers ou collégiats, de la fondation desquels il sera parlé cy-après; que ces escoliers se gouvernoient eux-mesmes, en ce qu'il n'y avoit autre chef qu'un prieur qu'ils élisoient annuellement entre eux.

Que les chaires se donnoient au concours, c'est-à-dire qu'une place venant à vaquer, les docteurs de toutes les Universités du royaume et mesme des pays estrangers estoient reçeus à la disputer, et se donnoit par le jugement de l'Université, à la pluralité des voix, à celuy qui estoit jugé le plus capable de la remplir.

Que l'Université en corps dans sa première institution reconnoissoit un chancelier pour son chef, lequel, après sa création, estoit obligé de prester le serment entre les mains de l'archevesque de Toulouze en la présence de deux docteurs ; et toutes les lettres de gradué s'expédioient au nom dudit chancellier.

Que, par les anciens statuts, il y devoit avoir un recteur que l'on changeoit de trois en trois mois ; que l'on le prenoit successivement des Facultés de droit canon, droit civil, philosophie et grammaire ; et il avoit inspection sur les escoles et les escoliers.

Que ces mesmes statuts ne prescrivoient aucune forme pour conférer les régences, estant seulement dit que le docteur régent ne pouvoit point substituer un autre pour lire en sa place, et qu'il faisoit lecture pour le moins trois fois la sepmaine.

Que par ces mesmes statuts il estoit porté que l'on ne recevroit point de docteurs en théologie qu'ils n'eussent estudié dix ans en la Faculté.

Que par la réformation faite par l'archevesque de Tholose, délégué par le pape Jean XXII, le temps de l'estude pour la théologie estoit limité à cinq années pour le droit canon, et trois pour le droit civil : à sept pour estre bachelier, et six ans de lecture pour la licence.

Que tous ces docteurs régens et non régens assistoient aux actes et cérémonies qui se faisoient pour la collation des degrez, et on leur faisoit part des émoluments, comme dragées, bans et autres choses pour les obliger à quelque assiduité.

DE L'ESTAT PRÉSENT DE L'UNIVERSITÉ.

Nous avons aussy trouvé qu'à présent ladite Université est composée des mesmes Facultés de théologie, de droit canon et civil, de médecine et des arts ; et que ce que l'on appelle le corps de l'Université sont dix-huit professeurs régents, sçavoir sept de théologie, dont trois sont appelés royaux, parce qu'ils sont gagés du roy ; les quatre autres sont appelés conventuels, parce qu'ils sont religieux et enseignent dans leurs couvents ; six en droit canon, et deux en médecine ; un en chirurgie et pharmacie, et deux aux arts ; qu'il y a en outre deux bedeaux et secrétaires, un trésorier, un portier, un imprimeur et quatre libraires jurés.

Que le chef de l'Université est le recteur, dont la charge est remplie des seuls professeurs en droit canon et civil, qui lisent et enseignent actuellement, lesquels alternativement de trois en trois mois se succèdent les uns aux autres ; qu'il garde les sceaux de l'Université, convoque les assemblées et y préside ; qu'il a droit sur chaque Faculté en particulier, peut visiter les colléges ; et la principale fonction de sa charge est de procurer et de faire en sorte que les chaires, quand elles viennent à vaquer, soient incessamment remplies.

Que lesdites chaires sont remplies par deux voyes : la première est celle de l'élection ; la seconde est celle de la postulation.

Que pour procéder à l'élection d'un nouveau professeur, lorsque quelque chaire vient à vaquer, le recteur, au nom de l'Université, le fait publier par toutes les Universités de France, et que tous docteurs et licenciés, de quelque Université qu'ils puissent estre, seront reçeus à la dispute qui se doit faire pour l'obtenir, et qui s'ouvre ordinairement quatre mois après cette publication : ce qui s'appelle mettre la chaire au concours.

Que tous ceux qui y prétendent sont obligés de faire lecture et enseigner dans l'escole publique de la Faculté dont est question, chacun selon l'ordre de sa présentation, en la présence des docteurs de la mesme Faculté, qui sont obligés de s'y trouver.

Que lesdits prétendans, après avoir achevé chacun leur mois de lecture, vont successivement, selon le rang de leur ancienneté, et conduits par le recteur et par le doyen de la Faculté dont il s'agit, prendre au Parlement les points et la matière sur laquelle ils doivent disputer ; et qu'après s'estre préparés pendant quinze jours, ils doivent répondre publiquement, pendant cinq séances, sur lesdits points.

Que quoique les Facultés de droit canon et civil soient présentement unies, ceux néantmoins qui prétendent aux chaires de cette Faculté doivent faire double dispute, et que les professeurs régents sont obligés d'assister à toutes ces disputes, aussy bien qu'aux lectures.

Que les électeurs sont non-seulement les professeurs de la Faculté dont la chaire est disputée, mais mesme tous les autres professeurs qui sont du corps de l'Université, quoyque de différentes Facultés ; et outre, quatre escoliers qui doivent estre bacheliers, dont deux sont collégiats et sont pris par tour dans deux des colléges, à la nomination des collégiats, et les deux autres choisis par l'Université ; lesdits escoliers estant appelés ausdites élections comme conseillers de l'Université, cette prérogative estant la seule qu'ils ont conservée depuis que les escoles ne se trouvent fréquentées que par des enfants.

Que lesdits professeurs et escoliers, pour pouvoir donner leur suffrage et avoir voix auxdites élections, doivent avoir au moins assisté à la moitié des disputes; et que, si le nombre des disputants est impair, ils doivent avoir assisté à la plus grande partie, n'important pas qu'ils ayent manqué d'assister à quelques actes, le mérite et la capacité des prétendants se reconnoissant aussy bien par les arguments des disputants que par les responses des soustenants.

Que toutes personnes indifféremment sont reçeues à venir disputer contre les soustenans, mais que les principales disputes sont faites par les prétendans mesmes, qui sont les plus intéressés; qu'il n'est pas loisible aux docteurs régens de disputer, et qu'ils ne sont présents aux disputes que pour juger de la capacité.

Qu'après les disputes faites, le recteur en donne avis au Parlement, afin qu'il plaise à la Cour de donner des commissaires pour estre présents à l'élection; que ces commissaires sont ordinairement les deux doyens dudit Parlement, avec lesquels le recteur prend jour pour l'élection; et trois jours auparavant, tous les électeurs sont advertis et convoqués par mandement exprès dudit recteur, en la salle de la chancellerie, où, après avoir fait le serment entre les mains du recteur qui préside, chacun donne son suffrage à haute voix; et celui des prétendans qui se trouve en avoir plus grand nombre est créé et institué docteur régent par ledit recteur, en vertu du pouvoir qui luy en est donné par le pape et par le roy, *authoritate apostolica et regia, quâ in hac parte fungitur*, ce sont les termes de l'institution.

Quant à la postulation, qu'elle s'observe lorsqu'il se présente quelque personnage d'un mérite extraordinaire et que l'on a desjà veu disputer quelque chaire avec approbation : auquel cas, lesdits électeurs estans convenus ou unanimement, ou au moins les deux tiers, font leur élection, laquelle ensuite ils font confirmer par arrest du Parlement ou du Conseil d'Estat.

Que les professeurs religieux et conventuels sont en possession de choisir et nommer un de leurs escoliers et de leur ordre pour estre leur successeur, l'ayant auparavant fait recevoir docteur; et, le cas arrivant qu'ils ayent manqué de le faire, l'ordre présente un docteur pour remplir sa place.

Que les professeurs royaux enseignent dans les escoles publiques de l'Université; et que ceux qui ont estudié sous lesdits régents conventuels sont admis aux degrés comme ceux qui ont estudié dans les escoles publiques.

Que les docteurs régens en théologie opinent sur la censure des livres; et tous les docteurs régens des autres Facultés, qui avec eux composent l'Université, opinent pour authoriser ladite censure.

Que le chancelier n'est point réputé estre du corps de l'Université, n'ayant aucune part à ses assemblées et délibérations; que son office est de conférer les degrés de maistre ès arts, et de licence et doctorat; que pour cela, le postulant, de quelque Faculté qu'il soit, prend de luy les points et la matière de laquelle il doit répondre, répond ensuite ou publiquement dans les escoles, ou dans la maison particulière dudit chancelier, en la présence des docteurs de la Faculté qui l'interrogent; et par leurs suffrages est reçeu par ledit chancelier, qui luy fait prester serment et scelle les lettres de son degré. Et il y a seulement cette remarque à faire que les professeurs de droit, au lieu de faire ces examens en personne, substituent d'autres docteurs de droit; mais ils ont reconnu qu'ils doivent le faire eux-mesmes, et ne s'en sont relachés qu'à cause de la grande facilité avec laquelle on recevoit aux degrés toute sorte de personnes.

Que le recteur reçoit les bacheliers de toutes les Facultés, a un sceau particulier pour en sceler les lettres et les attestations d'estude, un autre pour les matricules et mandements, et un autre pour les lettres de nomination des gradués aux bénéfices.

Qu'il ne reste plus aucun vestige de la jurisdiction qu'il avoit anciennement sur les escoles et sur les escoliers, messieurs les commissaires du Parlement connaissant de tous les différends qui surviennent dans les colléges et de l'administration des biens qui en dépendent.

Que les roys prédécesseurs de Sa Majesté avoient accordé à tous lesdits professeurs et suppôts de l'Université, au nombre cy-dessus déclaré, l'exemption des tailles dont ils ont jouy fort longtemps; mais que depuis quelques années, cette exemption a esté réduite à la taille qui se paye pour l'industrie seulement.

Que Leurs Majestés leur avoient aussy accordé leur franc salé, dont ils jouissent encore, à raison de deux pugneres et demy chacun.

Qu'ils jouissent encore de 6,196 livres de rente, que Leurs Majestés leur ont assigné pour leurs gages sur la gabelle de la province, dont il est payé en quatre quartiers, les frais de compte déduits, sçavoir:

A chacun des six professeurs en droit, 764 livres.

A chacun des trois professeurs de théologie, 193 livres 9 sols.

A chacun des deux professeurs en médecine, pareille somme.

A chacun des deux bedeaux, 48 livres 5 sols.

Et au thresorier, 24 livres.

Qu'ils jouissent encore de 2,000 livres de pension, qui leur sont assignées sur les prélats, abbés, prieurs et autres bénéficiers du ressort du Parlement de Toulouse, qui sont distribués, sçavoir :

Aux six professeurs en droit, chacun 230 livres.

A chacun des professeurs en théologie, en médecine et aux arts, en nombre de sept, 69 livres.

Aux deux bedeaux, chacun 17 livres 5 sols.

Et au thresorier, 100 livres.

Mais que jusques à présent cette rente a esté si difficile à percevoir, que la despense et frais des procès qu'il a falu soustenir contre divers prélats et bénéficiers ont absorbé tous les profits qui pouvoient en revenir.

Qu'ils jouissent encore de deux petits bénéfices, appelés Auzielle et Sainte-Agnès, qui leur portent, sçavoir : Auzielle, 250 à 300 livres, et Sainte-Agnès, 200 livres ; mais que ces revenus sont ordinairement laissés entre les mains du thrésorier pour les despenses qu'il convient faire dans l'Université ; et que, quand il en reste quelque chose, cela se partage de manière que les professeurs en droit ont un sol 6 deniers pour livre, et les autres un sol seulement.

Que les professeurs conventuels n'ont aucune part à tous lesdits revenus.

Qu'outre lesdits revenus, l'Université prend certains droits pour la promotion aux degrés.

Pour le bacalauréat en théologie.......... XXIII^s.
Pour la licence en théologie............. LV^s II^s X^d.
Pour la licence et doctorat.............. CXIII^tt IX^s IV^d.
Pour le bacalauréat en droit............. XXII^s VI^s.
Pour le bacalauréat et licence........... LXX^s XII^s X^d.
Pour le bacalauréat, licence et doctorat.... CXLVI^s VIII^s VI^d.
Pour le bacalauréat en médecine.......... XVI^s XV^s.
Pour le bacalauréat et licence........... LVIII^s V^s IX^d.
Pour la maitrise ès arts................. XXXIV^s XIII^s V^d.
Pour la nomination des gradués aux bénéfices............................... XII^s

Et dans la distribution qui se fait de tous lesdits émoluments, les docteurs régens en la Faculté desquels on prend les degrés ont la principale portion, et les autres une fort médiocre.

Que les professeurs conventuels y ont aussy quelque part, mais beaucoup moindre que celle des séculiers.

Et pour entrer dans le détail des choses qui regardent l'estat présent de chacune Faculté en particulier, suivant les connoissances que nous en avons prises des déclarations desdits professeurs et autrement.

DE LA FACULTÉ DE THÉOLOGIE.

Nous avons apris que les huit escoles de la Faculté de théologie ont esté réduites au nombre de sept par la renonciation volontaire des frères Mineurs, qui, en prenant la réforme, ont renoncé au doctorat et aux autres droits de l'Université; que celles qui restent sont les trois chaires royalles, dont l'une est establie d'ancienneté, et les deux autres tiennent lieu de celles qui estoient dans les abbayes de Saint-Sernin et de Saint-Estienne; que toutes trois se donnent à vie, au concours, ou sont postulées en la manière que nous avons remarqué cy-dessus; et les professeurs qui les tiennent font lecture et enseignent dans une grande salle, qui n'est accompagnée devant d'autre bastiment, laquelle nous avons visitée et trouvée mal entretenue, les capitouls, qui sans aucun tiltre prétendent ou propriété ou juridiction dessus, ainsy que sur les autres bastiments de l'Université, ne tenans pas grand compte de la réparer et de l'entretenir.

Que les quatre autres chaires sont possédées, l'une par un religieux Carme, une autre par un religieux de l'ordre des frères Prescheurs, une autre par un religieux de l'ordre de Saint-Augustin, et la quatriesme par un religieux de l'ordre de Saint-Bernard, qui professent chacun dans l'escole de leur couvent; et ces chaires sont données en la manière cy-dessus déclarée.

Que les chaires royalles, aussy bien que les conventuelles, sont ordinairement remplies par des religieux, parce que, comme le revenu est fort petit, il ne se présente presque personne à les disputer que des religieux, qui, estant logés et tirant l'habit et le vivre de leurs couvents, sont bien aises d'avoir encore les petits gages et les petits profits que cet employ leur donne.

Qu'il faut avoir estudié deux années en philosophie et trois en théologie pour pouvoir estre bachelier en cette Faculté; que pour l'obtention de ce degré, il n'est pas nécessaire que le prétendant soit maistre ès arts, ainsy qu'il se pratique en la Faculté de théologie de Paris, mais il suffit qu'il apporte deux certificats : le premier, de deux escoliers qui tesmoignent l'avoir veu fréquenter les escoles à l'Université pendant le temps susdit; et le second, de l'un des docteurs régens, comme il l'a examiné et trouvé capable; moyennant quoy, après avoir fait l'acte de tentative, qui se fait ordinairement sans beaucoup d'éclat, il est reçeu bachelier.

Que pendant la licence on fait trois actes, la majeure la mineure ordinaire, sur des thèses escrites à la main et pendant une séance d'après disner ; et la sorbonique, sur des thèses imprimées, pendant les deux séances du matin et du soir, mais sans observation d'aucun interstice réglé d'un acte à l'autre.

Que pour estre reçeu licencié et docteur, il se fait un troisiesme acte ou dernier examen en la chancellerie, où le prétendant, vingt-quatre heures après avoir pris deux points du Maistre des Sentences à l'ouverture du livre présenté par l'un des docteurs régens, fait une leçon sur chacun desdits points, est interrogé par deux autres qui lui font des arguments, et, à leur suffrage, est reçeu par le chancellier, qui prend leur serment.

Nous avons esté informés qu'il y avoit un nombre considérable de personnes qui fréquentoient l'escole de ladite Faculté, et qu'un des professeurs entre autres estoit suivy de deux ou trois cents estudians.

DE LA FACULTÉ DE DROIT.

Nous avons encore reconnu que les Facultés de droit canon et de droit civil, autrefois différentes et séparées, sont depuis quatre vingt ou cent ans unies et confondues l'une avec l'autre, et ne sont plus qu'une mesme Faculté, composée de six professeurs, docteurs en l'un et l'autre droit, qui sont esleus et institués en la manière cy-dessus déclarée, qui enseignent trois le matin et trois l'après disner, chacun une heure.

Qu'ils conviennent ensemble, au commencement de l'année, des choses qu'ils doivent enseigner ; et ils observent cet ordre, que toutes les années l'un d'entre eux enseigne les Instituts, deux traittent du droit canon, deux du droit civil, et le sixiesme, de l'un et de l'autre indifféremment.

Nous en avons visité les escoles, qui sont à l'extrémité de la ville en un lieu inhabité ; c'est un très grand corps de maison, solidement basty, divisé en trois salles excessivement grandes, qui peuvent contenir au moins huit cents personnes, dont l'une est pour le droit canon, une autre pour le droit civil, et la troisiesme pour la lecture des licenciés. Mais tout est si mal entretenu par les capitouls, que les deux dernières ne sont plus fréquentées. Il y a une entrée à chaque bout du corps de logis, et tout le long une galerie en apenty, sans autres bastiments. Il y a aussy une cour très espacieuse, fermée de murs de terre, tous brisés.

Nous avons aussy appris que pour recevoir les degrés en cette Faculté, il faut avoir estudié dans lesdites escoles pendant cinq ans, mais que cette rigueur ne s'observe point à l'égard des estrangers, qui sur des certificats d'estudes en autres lieux sont admis. Et d'ailleurs lesdits professeurs sont demeurés d'accord qu'il y avoit beaucoup de relaschement dans la collation des degrés; que l'on se contentoit de certificats d'escoliers; que l'on dispensoit quelquefois de l'examen; que l'on ne gardoit aucun interstice pour les actes publics, quand il se trouvoit quelqu'un qui vouloit les faire; que tout ce qui se pratiquoit pour l'obtention des degrés estoit que le postulant prenoit celuy des professeurs que bon luy sembloit, et en sa personne répondoit en la classe à tous les arguments des escoliers qui vouloient disputer; et que sur le rapport fait par ledit docteur, qu'il estoit capable, il estoit reçeu par le recteur au degré de bacalauréat; qu'ensuite il estoit présenté par le mesme professeur ou autre au chancellier, qui luy donnoit des points, sur lesquels ayant esté examiné en la chancellerie par les substituts des docteurs régens, il estoit à leurs suffrages reçeu licencié.

Que celuy des professeurs qui est le plus suivy a jusques au nombre de cinquante à soixante escoliers.

DE LA FACULTÉ DE MÉDECINE.

Ce que nous avons pu apprendre de la médecine est que d'ancienneté elle est composée de deux professeurs royaux, et que depuis quelques années un particulier, en vertu d'un brevet du roy, s'y est introduit pour professer en françois la chirurgie et pharmacie; qu'après son décès sa chaire a esté mise au concours comme les deux autres; qu'il a eu quelques successeurs; qu'elle est à présent vacquante, et mesme une de celles qui sont d'ancienne fondation; que l'une et l'autre sont au concours, et que les disputes ont esté ouvertes, mais surcises par nostre ordonnance, jusques à ce qu'il ayt plu au roy autrement en ordonner.

Que cette chaire de professeur en pharmacie estant de création nouvelle, celuy qui la remplit n'a point de part aux revenus ny aux émoluments ordinaires de l'Université; que le roy y avoit attribué 400 livres de gages, à prendre sur les tailles de Guyenne, qui ont esté retranchés et enfin supprimés.

Que les degrés en cette Faculté se confèrent en la mesme manière que dans le droit; et l'escole où l'on enseigne est une salle suffisamment grande, destituée de tous autres accompagnemens, laquelle nous avons trouvée très mal en ordre et très mal entretenue. Le seul professeur qui reste estant malade à l'extrémité lorsque nous en avons fait la visite, nous n'en avons pu sçavoir le nombre des escoliers que par le récit que l'on nous en a fait, qui pouvoit aller jusques à trente.

De la Faculté des Arts.

Nous avons reconnu que cette Faculté a esté instituée à mesme temps que les autres de l'Université; qu'elle a jouy des mesmes priviléges; qu'elle est composée de deux professeurs, ausquels les statuts donnent les mesmes avantages qu'en l'Université de Paris: que ces professeurs lisent divers traittés de philosophie, à leur choix, dans une petite salle qui joint le collége de l'Esquille, laquelle nous avons trouvée en assez bon estat; que l'ordre vouloit que personne ne pust estre admis aux degrés en théologie qu'il ne fust maistre ès arts, mais que présentement cela ne s'observoit point; et que lorsqu'il se présentoit quelqu'un pour passer maistre, il estoit reçeu en la mesme manière que les graduës des autres Facultés. Cette escole est peu fréquentée.

Du Collége de l'Esquille, où l'on enseigne les Arts et la Grammaire.

Nous avons aussy trouvé qu'en l'année 1551, sur ce qu'il fut représenté au roy par les capitouls de Toulouse, que dans la dite Université qui estoit la plus florissante du royaume, particulièrement pour l'estude de la jurisprudence, il ne se trouvoit aucun collége fondé pour enseigner les langues hébraïque, grecque et latine, sans la connoissance desquelles on ne pouvoit parvenir à la perfection des sciences; Sa Majesté, par ses lettres patentes du mois de juillet de la mesme année, supprima huit colléges, du grand nombre qu'il y en avoit de fondés pour des escoliers estudians ès Facultés de droit canon et civil, sçavoir les colléges de Bolbone, de Saint-Girons, de Verdalle, de Montlezun, de Saint-Exupère, des Innocents, du Temple et de l'Esquille, pour des deniers qui proviendroient de la vente des maisons et biens desdits colléges, en estre fondés deux autres en la manière que lesdits capitouls aviseroient avec l'archevesque et le procureur général du roy; dans lesquels lesdites langues hébraïque, grecque et latine seroient enseignées. Et nous avons remarqué que les raisons qui ont donné lieu à cette suppression ou réduction estoient que les fondations n'estoient nullement gardées dans lesdits colléges; qu'ils estoient occupés par des gens de mauvaise vie, qui n'estudioient point et ne s'appliquoient la pluspart qu'aux sollicitations des procès de leurs parens et à autres choses, et laissoient aller en ruine les biens et bastimenls desdits colléges.

Qu'en exécution des susdites lettres patentes, les maisons et biens desdits colléges ont esté vendus par les capitouls, à la réserve de celuy de l'Esquille, qui auroit esté conservé pour servir au nouvel establissement que l'on avoit destiné de faire, et que l'on fit en effet, d'un collége pour y enseigner les humanités et les arts, comme on fait aujourdhuy.

Qu'il fut mis d'abord entre les mains de plusieurs séculiers choisis et nommés par les capitouls, et qu'il a esté tenu par lesdits séculiers jusques en l'année 1654, auquel temps lesdits capitouls ayant reconnu le relaschement dans lequel les régens estoient tombés, trouvèrent à propos, dans une délibération prise dans un conseil général, d'y appeller à leur place les pères de la Doctrine chrestienne.

Que cette délibération a esté exécutée, et qu'il a esté passé contract, pour un terme de six ans seulement, renouvelé depuis pour dix ans, par lequel, moyennant une somme de quatre mil livres par chacun an, payable à deux payements égaux, lesdits Doctrinaires se sont obligés à fournir huit régens, sçavoir : deux pour la philosophie, un pour la rhétorique, un pour la seconde, et quatre pour les quatre classes de grammaire ; qu'ils sont aussy obligés de nourrir et entretenir six collégiats ou boursiers, qui sont nommés par la ville de Saint-Girons, au diocèse de Couzerans, et reçeus par les capitouls ; et qu'outre lesdits huit régents, il y a un recteur pour la conduite de la famille, un procureur ou scindic pour l'administration de la maison, un préfet pour la direction des classes, un principal pour la conduite des pensionnaires et boursiers, six jeunes frères pour leur faire la répétition, deux prestres pour substituer en la place des régens malades, et trois frères lais pour les offices de la maison.

Et par la visitation que nous avons faite de ce collége, nous en avons trouvé toutes les classes assez bien remplies d'escoliers; et notamment celles de philosophie, le nombre des escoliers de toutes les classes estant de neuf cent soixante sept; et qu'outre que l'on les élève aux sciences avec assiduité et application, on les élève aussy à la vertu, suivant l'institution particulière desdits pères Doctrinaires.

Pour ce qui est du lieu, qu'il est fort grand et fort espacieux, mais basty seulement à demy, tout le devant estant sans bastiment ; qu'il n'y a point d'église n'y de lieu particulier pour y dire la messe, la quatriesme classe qui s'est trouvée la plus propre, quoyque plus petite, servant à cet effet ; que les classes et les autres bastiments mesme sont mal entretenus et en mauvais estat par la négligence des capitouls, qui, estans chargés de l'entretien et de la réparation du collége, n'en ont aucun soin. Et comme d'ailleurs les pères Doctrinaires ne sont dans ce collége que pour le temps porté par leur bail qu'ils renouvellent de temps en temps, cela fait que de leur part ils ne font aussy aucunes réparations, tant parce qu'ils n'en sont point tenus, que parce qu'il n'y a point d'apparence qu'ils fassent des despenses pour d'autres personnes que les capitouls pourroient y mettre en leur place après le bail finy.

Du Collége des pères Jésuistes.

Que le second collége qui fut fondé de la suppression des huit colléges dont il est parlé cy-dessus est celuy des pères Jésuistes, lesquels, ayant esté chassés de Pamiers par les Huguenots, vindrent se réfugier en cette ville en 1561, obtindrent en 1562 des lettres patentes du roy Charles neuf pour y demeurer sous le tiltre de collége, s'establirent en 1563 dans le monastère des filles Augustines, qui leur fut donné par le cardinal d'Armaignac, archevesque de Toulouze, qui leur procura la préceptoriale de Saint-Estienne et celle de Saint-Sernin, qui sont l'une de trois cents livres et l'autre de deux cents de revenu, et outre leur assigna sur le revenu de l'archevesque 120 livres de rente ; mais que cette maison s'estant trouvée peu commode pour l'establissement d'un collége, les capitouls qui de la suppression susdite estoient tenus de fonder un second collége, après une délibération prise dans un conseil général en l'année 1566, assignèrent ausdits Jésuistes 1,200 livres de rente, qui restoient du revenu desdits colléges supprimés, leur donnèrent encore les colléges de Verdalle et Montlezun, lesquels avec le monastère susdit furent eschangés avec la maison du sieur de Bernuy (1), fort grande et fort espacieuse, de laquelle et de quelques autres acquisitions que lesdits pères Jésuistes y ont jointes, ils ont fait un grand et beau collége, qui contient neuf grandes classes, avec une chapelle, plusieurs salles et galeries, et les bastiments, offices, cham-

(1) Dans les *Mémoires de la Société archéologique du midi de la France*, Toulouse, 1837, in-4°, t. III, p. 1 et suiv., on trouvera une intéressante notice de M. A. du Mège sur *le Palais de Bernuy, ou le Collège royal de Toulouse*.

bres et autres lieux nécessaires, en tel nombre qu'à présent, la famille est composée de soixante et quinze religieux, et le tout propre et commode, bien basty et bien entretenu.

Qu'il y a audit collége un recteur qui a la supériorité, tant pour la discipline religieuse que pour la scolastique ; deux préfects, l'un des hautes classes, et l'autre des inférieures, qui ont la direction des escoliers et tiennent la main à l'observation de la discipline ; quatre professeurs pour la théologie, dont l'un enseigne l'Escriture sainte et la langue hébraïque, deux la scolastique, et le quatriesme la théologie morale ou les cas de conscience ; deux professeurs en philosophie, logique et physique ; deux régens de rhétorique, un pour l'éloquence et l'histoire, l'autre pour le grec et la poésie, et cinq autres pour les classes inférieures ; que le reste des religieux sont officiers prestres pour dire les messes et pour confesser, et des estudians en philosophie et théologie ; qu'il n'y a point de classe particulière pour les mathématiques, mais que deux fois la sepmaine un des régens en fait leçon dans une des autres classes.

Par la visite que nous avons fait des classes, nous les avons trouvées toutes bien remplies d'escoliers, sçavoir, celles de théologie et de philosophie, depuis cent cinquante jusques à deux cents ou environ ; et les autres, de cent vingt, cent trente, quarante, et cinquante ; de sorte que le nombre des escoliers est au moins de douze cents, lesquels, outre l'instruction que l'on leur donne, on eslève aussy à la vertu, et on prend le soin de leur éducation, en la manière qu'il se pratique dans les autres colléges qui sont tenus par les pères de la Société.

Que leur establissement a esté confirmé en 1567 par une bulle du Pape et par les lettres patentes du roy.

Que les revenus du collége consistent en 1,200 livres de pension que les capitouls leur ont assignées ; 300 livres de la préceptoriale de Saint-Estienne ; 200 livres de la préceptoriale de Saint-Sernin ; 120 livres sur l'archevesché ; 1,938 livres en rentes constituées sur divers particuliers et communautés ; 915 livres en louage de maisons ; 1,500 livres du prieuré de Rabastens ; autres 1,500 livres du prieuré de Sainte-Foy ; 800 livres du prieuré de Castelnau ; 1,600 livres du prieuré de Madiran et ses deppendances ; 550 livres du prieuré de Saint-André de Magencoules ; 1,200 livres de la mettairie de Campaigne, de deux autres dans le consulat de Murs, d'une autre au Pujol, et d'un moulin à vent ; 80 livres d'un jardin et maison au fauxbourg Saint-Estienne ; et 400 livres du domaine de Labatut. Le tout, par années communes, et toutes ausmônes, réparations et charges déduites, revient en total à la somme de douze mil trois cent trois livres, qui sert pour la nourriture, entretien et gages de leurs valets, pour les frais de voyage, port de lettres, entretien de la sacristie, d'ornements et autres choses, aumônes ordinaires et extraordinaires dudit collége, frais de procès, tailles de quelques maisons, et autres despenses. Et comme cette somme n'est pas suffisante, à ce que lesdits pères Jésuistes nous ont dit, ils ont esté obligés depuis quelques années de demander du secours à quelques colléges de la province pour l'entretien d'une partie de leurs estudians, qui n'auroient pas trouvé ailleurs ces mesmes avantages que ledit collége leur fournit pour le bon succès de leurs estudes.

Des colléges sans exercice.

Outre ces deux colléges de l'Esquille et des Jésuistes, où l'on enseigne les arts et la grammaire, il y en a neuf autres, où il ne se fait aucun exercice, fondés et institués pour la nourriture, entretien et éducation de plusieurs escoliers de diverses nations, sçavoir : le collége de Saint-Martial ; celui de Foix ; de Périgord ; de Sainte-Catherine ; de Mirepoix et de Saint-Nicolas ; de Maguelonne ; de Narbonne ; de Saint-Raymond, et de Secondat, tous lesquels nous avons veus et visités, et trouvé, en ce faisant, tout ce qui en suit :

Collége de Saint-Martial.

Nous avons premièrement visité le collége de Saint-Martial, que nous avons trouvé scitué en un des plus beaux endroits de la ville, grand, espacieux, contenant une chapelle, une très-grande salle pour le réfectoire, une autre au-dessus, de pareille grandeur, où est la bibliothèque, vingt-quatre chambres hautes de bonne grandeur, accompagnées chacune d'un cabinet, pour le logement de vingt-quatre personnes, avec les offices par bas, et plusieurs lieux inutiles, le tout bien et solidement basty et bien entretenu, avec une grande cour et un jardin médiocre.

Et par la lecture que nous avons faite des tiltres concernant l'establissement dudit collége, à nous représentés par les prieurs et collégiats que nous avons fait comparoistre devant nous en corps de communauté en la salle dudit collége, et par ce que nous avons appris de leurs déclarations, nous avons trouvé que ledit collége a esté fondé, en l'année 1359, par le pape Innocent VI(1), pour l'entretien de quatre prestres et de vingt pauvres escoliers clercs, lesquels

(1) Le rapport de d'Aguesseau contient au sujet du collége de Saint-Martial quelques détails utiles à recueillir :

« Le Pape, par l'acte de cette fondation, se réserve le tiltre de recteur et proviseur, institue après luy Audouin, cardinal de Saint-Jean et Saint-Paul ; Pierre, cardinal de Sainte-Anastasie ; Arnaud, archevesque d'Auch; Hugues, évesque d'Alby, et Estienne Dalbert, notaire apostolique, ses neveux, et après eux, l'archevesque de Tolose et ses successeurs, ausquels il donne le pouvoir de visiter l'églize, le collége et les escoliers; de s'informer de leur conduite et de la bonne ou mauvaise administration; de faire observer les règlemens, et de punir ceux qui y seront réfractaires et dont la conduite sera mauvaise, et mesme de les chasser hors du collége, sans autre forme de procez, appelant seulement deux docteurs régens ou lisants actuellement, l'un en droit canonique et l'autre en civil; mesme de faire des règlemens et statuts, sy besoin est. Et nous avons aussy trouvé qu'en exécution de cette clause, le cardinal Audouin, le 8e may 1360, et le cardinal Pierre, l'indiction seconde au mois de septembre 1364, ont fait des statuts qui doivent estre leus quatre fois l'année en l'assemblée de tous les collégiats, et personne ne peut estre reçeu dans le collége qu'il ne fasse serment de les observer.

« Les prestres, aux termes de ces statuts, doivent estre de bonne vie et mœurs ; doivent sçavoir le plein chant, et, s'ilz y entrent sans le sçavoir, doivent l'apprendre pendant la première année ; et s'ilz ne le sçavent pas, n'auront pendant l'année que le pain et le vin seulement; et, s'ilz négligent de l'apprendre, seront la seconde année chassez du collége sans espérance de retour. Ilz doivent résider dans le collége; dire tous les jours douze messes, l'une basse et l'autre haute, aux temps que les escoliers ne sont pas aux escoles ; toutes les festes et dimanches, deux messes hautes ; et les festes solennelles, matines, messes et vespres, ausquelles tous les escoliers doivent assister. Si les prestres et les escoliers mesmes viennent à estre pourveus de quelque bénéfice de la valeur de 40 livres de décime, ilz sont obligez de sortir dans deux ans.

« Les escoliers doivent effectivement estudier, moitié en droit canon et moitié en droit civil; et ne peuvent estre reçeus au collége qu'ilz ne soient instruits aux arts, et surtout dans la grammaire. Ils doivent, un an et un mois après qu'ilz y auront estudié le temps requis par les règlemens de l'Université, se faire recevoir au degré de bachelier; faire et continuer les lectures qui estoient ordonnées pour lors, et ensuite subir un examen; à faute de quoy faire, ilz seront chassez du collége, nonobstant qu'ilz voulussent se faire recevoir aux degrez et faire les lectures. Et sy ceux qui auront estudié en droit canon voudroient aussy estudier en droit civil, et respectivement ceux qui auront estudié en droit civil voudroient aussy estudier en droit canon, il est dit qu'ilz pourront le faire, et demeurer encore deux ans dans le collége, et mesme encore deux autres années après, pourveu qu'ilz se fassent recevoir docteurs. Et continueront à faire les lectures comme on avoit accoustumé de le pratiquer en ce temps là.

« Les escoliers sont obligez de dire tous les jours l'office de la Vierge, d'assister à l'une des messes, et, les festes notables, d'assister à tous les services. Le port des armes et les danses publiques leur sont deffendues. Le prieur doit tenir la clef de la porte, avoir soin de la faire fermer à l'heure réglée et la faire ouvrir le matin, et chaque escolier se rendre au collége avant la fermeture, sans devoient estre pris, sçavoir, les quatre prestres et dix escoliers, de toutes sortes de lieux indifféremment du royaume ou d'autres pays ; six du diocèze de Limoges, et quatre de la province ecclésiastique de Toulouse.

qu'il soit loisible de l'ouvrir après la retraite, ny de la faire ouvrir par mal façon, à peine d'excommunication. Les escoliers doivent estre assidus aux sermons, aux classes et aux estudes, sous des peines de privation, d'abord de partie, et ensuite de tous les alimens, et mesme d'expulsion ; n'ont aucune chose quand ilz sont absents, et ne se peuvent absenter sans permission du prieur, et au plus que trois mois pendant l'année, et pour cause légitime, à peine de la perte de la place.

« Les collégiats ont droit de présenter aux places, pourveu qu'ilz le fassent dans huit jours après que la vacance de la place aura esté connue, que la personne qu'ilz présenteront ait les qualitez requises, c'est-à-dire qu'il soit clerc, de bonne vie et mœurs, soit du lieu à en pouvoir remplir la place, n'ait du bien à suffisance pour la continuation de ses estudes, et soit instruit aux arts, en telle sorte qu'il puisse fréquenter les escolles de droit : sinon l'archevesque de Tolose, ou, en son absence, son vicaire général, qui a droit de pourvoir et d'instituer en sa place, a aussy par dévolu celuy de nommer un sujet capable.

« ... L'intention du fondateur estant que les escoliers ne fussent point divertis de l'estude, il avoit d'abord donné l'administration du collège aux seuls prestres ; mais il a bien voulu que, s'il se trouvoit parmy les collégiats graduez ou autres quelque personne capable de cette administration, il peust y estre appellé aussy bien que les prestres ; de sorte que les collégiats sont dans l'usage de s'assembler le premier may de chaque année et de faire eslection de deux prieurs, l'un prestre et l'autre laïc ; quatre claviers, et deux grenetiers qui ont soin de la recepte et dépense de grain, deux bibliothécaires et deux maistres de chapelle.

« Le prieur laïc entre le premier en administration jusques au dernier octobre, et le prestre pendant autres six mois, commençant au premier novembre et finissant au dernier avril en suivant. Ilz reçoivent des claviers les deniers qui sont nécessaires pour la dépense du collège, et se chargent de ce qu'ilz reçoivent, sur un registre qui demeure entre les mains des claviers. Les claviers reçoivent tous les revenus des mains des fermiers, donnent tous quatre ensemble quittance de ce qu'ilz reçoivent, et tous les baux qu'ilz passent portent cette clause, que les quittances seront absolument nulles, à moins qu'elles ne soient signées de tous quatre, et, en absence de quelqu'un d'entre eux, du prieur ou de deux autres anciens collégiats ; et ilz se chargent de tout ce qu'ilz reçoivent sur un registre qui demeure entre les mains du prieur.

« Chasque prieur, après son administration faite, rend compte de sa recepte et dépense, quinze jours et au plus tard un mois après.

« Les grenetiers reçoivent les grains et s'en chargent sur un registre qui est tenu par le prieur ; et ilz s'en déchargent faisant recevoir les grains par le boulanger du collège qui de chaque cestier leur fournit vingt-deux gros pains, et acquittant les pensions que le collège paye aux officiers, domestiques et autres.

« S'il y a des revenants bons, toutes les despences ordinaires acquittées, ilz doivent estre employez à l'avantage du collège, en augmentation de fonds pour l'augmentation des places des collégiats, préalablement pris la somme de 120 pour les vestements des quatre prestres. »

Que leur discipline estoit prescrite et leurs exercices réglés par des anciens statuts, suivant lesquels ils devoient estudier, partie au droit canon, partie au droit civil ; et que pour parvenir à estre reçeu audit collége, il faloit que les escoliers fussent suffisamment instruits dans la grammaire, pour pouvoir fréquenter les escoles du droit et y prendre les leçons.

Que les places des prestres estoient à vie, et que le séjour des escoliers estoit limité au temps qui estoit nécessaire pour acquérir les degrés au droit canon et civil ; ce qui pouvoit en ce temps là s'estendre jusques à dix années.

Que les prestres estoient obligés à la résidence actuelle, et avoient esté destinés par la fondation pour desservir la chapelle alternativement, et y célébrer tous les jours l'office divin, mesme pour estre prieurs et administrateurs du collége, conjointement avec un escolier qui doit estre esleu chaque année par tous les collégiats à la pluralité des voix.

Que les prieurs et les collégiats assemblés avoient droit de présenter à l'archevesché de Toulouze des escoliers pour remplir les places vaquantes ; et que lesdits escoliers y devoient estre installés par ledit archevesque, lequel, par la bulle de la fondation, est estably patron, proviseur et recteur du collége, pour abroger les statuts, en faire de nouveaux, s'il est besoin, réformer les abus, multer les collégiats par peine ou expulsion, sans autres formes de justice, tout ainsy que le fondateur mesme auroit pu faire.

Que les revenus dudit collége, quant à présent, consistent en dismes et en revenus de quelques bénéfices simples, qui ont esté unis par ladite fondation, qui peuvent valoir par années communes environ sept mil livres de rentes ; que les charges du collége qui consistent en décimes qui sont deues pour raison desdits bénéfices, en réparation de maisons, moulins et mettairies, aumônes suivant la taxe des bénéfices, gages d'officiers et valets, frais de procès et de maladies, meubles de cuisine et autres despenses, revenoient par années communes, suivant les derniers comptes, à la somme de quatre mil livres ; et que les trois mil livres ou environ qui restent estoient employées à la nourriture des collégiats.

Du collège de Foix.

En second lieu, nous avons visité le collége de Foix que nous avons trouvé bien et solidement basty, contenant quatre grands corps de logis, le long desquels, par haut et par bas, règne une galerie, par laquelle en bas on va à la chapelle, à la salle qui sert de réfectoire et à plusieurs chambres et lieux inutiles, dont aucuns sont occupés par les valets des escoliers ; et la galerie sert pour aller à la bibliothèque, qui est une grande salle voutée, autrefois fameuse par la quantité de beaux livres et manuscrits qu'il y avoit, dont les trois quarts ont esté ou perdus ou volés par la négligence des prieurs (1); et pour aller aussy à toutes les chambres, en nombre de vingt-cinq, qui servent au logement de quatre prestres et de

(1) Voici le compte rendu de l'état de cette bibliothèque, dressé par d'Aguesseau :

« Et comme plusieurs autheurs importans font mention de cette bibliothèque comme d'une chose rare et importante par la grande quantité de beaux livres et de beaux manuscrits qu'il y avoit, nous en aurions fait une visite particulière et trouvé en effect plusieurs livres, la pluspart de vélin, écrits à la main en lettres gothiques, les uns entiers et les autres en très mauvais estat, y ayant plusieurs feuillets manquans, soit qu'ilz ayent esté corrompus par la succession du tems, soit qu'on en ait enlevé divers feuillets, soit qu'on les ait déchiré ou coupé pour en tirer des images. Nous n'en aurions pas mesme trouvez sy grand nombre que nous nous attendions d'y en trouver, parce qu'au lieu d'estre rangez sur des tablettes, comme on a accoustumé d'en user dans toutes les bibliothèques du royaume, ilz sont estendus sur des bancs qui occupent toute la salle et y sont attachez avec des chaînes de fer, afin qu'on ne puisse pas les enlever, ce qui n'a pas empesché qu'on n'en ait enlevé et dérobé plusieurs : les collégiats nous ayant dit que toutte cette salle se trouvoit remplie, parce que l'on y avoit mis les livres que l'on avoit auparavant accoustumé de tenir en une grande salle qui est au dessus de ladite bibliothèque. »

Il n'est donc pas exact de dire, comme le fait M. du Mège, *Histoire des institutions religieuses, politiques, judiciaires de la ville de Toulouse*, Toulouse, 1844-1846, in-8°, t. IV, p. 632, que « la collection des manuscrits de la bibliothèque de Foix demeura intacte jusqu'à l'époque du règne de Louis XIV. » Mais quelque détériorée qu'elle fût, cette collection tenta Colbert, qui donna l'ordre d'en faire l'acquisition au nom du roi. Nous reproduisons, d'après M. du Mège, le reçu qui fut délivré par M. d'Aguesseau aux collégiats du collège de Foix, en échange des richesses littéraires qu'ils avaient cédées plus ou moins volontairement :

« Henry d'Aguesseau, chevalier, conseiller du roy en ses conseils, maistre des requestes ordinaire de son hostel, président au grand conseil, intendant de justice, police et finances de la province de Languedoc. Nous certiffions à messieurs les prieur et collégiats du collège de Foix que leur ayant fait sçavoir que le roy désiroit avoir les vieux manuscripts qu'ils avoient dans leur bibliothèque en les payant raisonnablement, ils nous ont remis deux cent quatre-vingt-onze livres manuscripts en vieille lettre gothique, tous en mauvais estat, la pluspart imparfaits, pour lesquels nous leur avons payé comptant cinq cent quatre-vingt-deux livres, à quarante sols la pièce, pour estre cette somme employée à l'achapt de livres imprimés qui puissent servir à l'usage dudict collège. Fait à Toulouze le vingt-troisiesme aoust 1680. *Signé* : D'AGUESSEAU. — *Et plus bas* : Pour mondit sieur : DE CRASNDOR. »

vingt un escoliers et collégiats, outre lesquelles il y a encore une grande salle, de laquelle on peut faire plusieurs chambres ; et un très-beau pavillon qui a esté basty au dessus de la bibliothèque, qui est inhabité, de mesme que trois ou quatre chambres que lesdits escoliers laissent ruiner faute de réparation. Il y a au milieu des quatre corps de logis un jardin et un autre derrière le pavillon.

Ledit collége, à ce qui nous a paru par les tiltres qui nous ont esté représentés par les prieurs et collégiats assemblés en corps de communauté, a esté fondé, en 1457, par messire Pierre, cardinal de Foix (1), pour la nourriture et éducation de quatre prestres et vingt un escoliers clercs, qui doivent estre au moins agés de dix huit ans, et doivent estre pris, sçavoir: les prestres et six escoliers, de toutes sortes de lieux indifféremment ; trois de la ville de Pamiers ; cinq du diocèze de Lescar ; un du diocèze d'Oléron ; un du diocèze de Dax ; un du vicomté de Nebouzan ; un du vicomté de Marsan ; deux du diocèze de Tarbe ; un du comté de Chasteaubon ; et un du vicomté de Narbonne ou Villemur.

Que les prieurs et collégiats assemblés avoient la faculté de nommer et présenter aux comtes de Foix leurs successeurs et héritiers, et présentement au roy, des sujets de la qualité requise, et propres à remplir les places vaquantes ; et que du reste les statuts de ce collége sont les mesmes que ceux du collége de Saint-Martial.

Que les revenus estoient autres fois considérables, mais les biens ont esté dissipés par la mauvaise économie des prieurs ; de sorte que pendant plusieurs années les escoliers ont esté obligés de s'absenter, manquant de fonds pour les nourrir ; que depuis quelques années les choses commencent à se restablir, et présentement tous les revenus sont affermés à une personne qui est obligée de leur fournir chaque jour certaine quantité de pain, de vin et de viande pour leur subsistance, mesme du bois pour la cuisine, et d'acquitter en outre toutes les charges dudit collége, qui sont de mesme nature que celles du collége Saint-Martial.

Collége de Périgord.

En troisième lieu, nous avons visité le collége de Périgord, bien et solidement basty, contenant quatre corps de logis, avec des ga-

(1) *Rapport de d'Aguesseau* : « Et par la représentation qui nous a esté faite des titres audit collége, nous avons trouvé qu'il a esté fondé par lettres de Pierre, cardinal de Foix, insérées dans une bulle du pape Paul du 10 aoust 1466. » Pierre de Foix fut archevêque d'Arles de 1450 à 1464. Voy. *Gall. christ.*, t. I, col. 585 et suiv.

leries de communication par haut et par bas, un jardin au milieu et un autre plus grand derrière le logis, chapelle et sacristie très propres et bien entretenues, une grande salle et les offices nécessaires, mesme quelques lieux inutiles, et vingt quatre chambres accompagnées de cabinets pour le logement de vingt quatre personnes, pour lesquelles, en l'année 1370, ledit collége fut fondé par un évesque d'Albe(1), sçavoir: quatre prestres et dix escoliers pris de toute sorte de lieux indifféremment, et dix autres escoliers du diocèze de Périgueux. Et avons trouvé que les comtes de Périgord, leurs successeurs et héritiers, avoient droit de choisir et nommer des sujets propres à remplir les places vaquantes, qui devoient estre ensuite installés par le chancelier de l'Université, assisté des deux plus anciens collégiats.

Que les statuts pour la discipline, pour les estudes et pour le temps qu'on peut demeurer audit collége, sont uniformes avec ceux des colléges précédents.

Que les revenus montent à trois mil livres seulement, qui sont employées à la nourriture desdits escoliers, de leurs officiers et valets, et autres frais et charges, ainsy que nous avons reconnu des comptes qui nous ont esté représentés par les prieurs et escoliers dudit collége, assemblés par devant nous en corps de communauté.

Collége de Sainte-Catherine.

En quatriesme lieu, nous avons visité le collége de Sainte-Catherine, contenant trois corps de logis, irrégulièrement placés et différemment bastis, les uns plus solidement, les autres moins, avec une cour et un petit jardin. Outre la chapelle et la salle, et quelques offices qui sont en bas, il y a des chambres pour vingt quatre personnes, dont quelques unes sont en mauvais ordre; le reste bien entretenu. Et avons trouvé que ledit collége a esté fondé, en l'an-

---

(1) *Rapport*, etc.: « Et par la représentation que les collégiats nous ont faite de leurs titres, nous avons trouvé que le collége a esté fondé en l'année 1370 par Talairan, évêque d'Albe, pour quatre chapelains et vingt collégiats, et que cette fondation a été confirmée par une bulle du pape Grégoire XI, le 27 septembre de la cinquième année de son pontificat, qui contient les statuts du collége. » Selon Ughelli, *Italia sacra*, t. I, col. 269, Talairand, évêque d'Albe, est mort à Avignon le 17 janvier 1364. La date que nos documents assignent à la fondation du collége de Périgord serait donc inexacte.

née 1382, par le cardinal de Pampelune (1), neveu du pape Innocent VI, pour la nourriture de deux prestres et douze escoliers clercs, dont six et les deux prestres doivent estre pris de toutes sortes de lieux indifféremment, et les six autres escoliers doivent estre du diocèze de Limoges; que le dit cardinal institua l'évesque d'Agde, son neveu (2), proviseur dudit collége, et luy substitua le chancelier, et en son absence le recteur de l'Université; qu'il attribua aussy aux collégiats la faculté de nommer et présenter des sujets propres à remplir les places vaquantes, et retint pour luy et pour les autres proviseurs susdits le droit de provision et installation, et mesme tous les deux, en cas de litige; que les statuts de ce collége sont conformes à ceux des précédents.

Qu'il en fut fait une réformation en l'année 1402 par Hugues, lequel ayant trouvé les revenus de ce collége considérablement augmentés, augmenta le nombre des collégiats de dix personnes, sçavoir: deux prestres et huit escoliers; de sorte qu'à présent, il y a le nombre de vingt quatre personnes, quatre prestres et vingt escoliers.

Que le revenu est d'environ quatre mil livres, et suffit pour la nourriture des escoliers, de leurs valets, et pour l'acquit des charges.

COLLÉGE DE MIREPOIX OU DE SAINT-NICOLAS.

En cinquième lieu, nous avons visité le collége de Mirepoix, dit de Saint-Nicolas, grand en jardinages, mais petit en bastiments, qui consistent en quatre petits corps de logis, bastis partie de brique et partie de torchis, pour parler aux termes du pays, c'est-à-dire de palissades de boue et de terre meslée de paille, et en fort mauvais ordre: le long desquels règne par haut et par bas une galerie pour la communication; le tout contenant par bas une petite chapelle fort obscure et fort maussade, une salle médiocre, les offices et quelques misérables lieux; et par haut, huit chambres, dont quelques unes sont en ruine, pour le logement d'un prestre et de sept escoliers, qui doivent fréquenter les escoles des mesmes Facultés et vivre sous la mesme discipline et sous des statuts semblables à ceux des précédents colléges, ainsy que nous avons reconnu par la

---

(1) Pierre de Monteruc, évêque de Pampelune, cardinal de Sainte-Anastasie et neveu de pape Innocent VI.
(2) Hugues, le même qui se trouve nommé quelques lignes plus bas. Voy. *Gall. christ.*, t. VI, col. 691 et 692.

lecture des tiltres que les prieur et escoliers dudit collége nous ont représentés.

Nous avons aussy trouvé que ledit collége fut fondé, en 1434, par Guillaume Du Puy, évesque de Mirepoix (1), qui institua ses successeurs audit évesché patrons et collateurs des places ; que son revenu monte à mil livres de rente ou environ ; surquoy, déduction faite des charges qui montent à près de quatre cents livres, il reste de net six cents livres, ou environ, laquelle somme ne suffisant pas pour l'entretien et nourriture de ce nombre d'escoliers, ils sont contraints de s'absenter cinq ou six mois de l'année (2).

COLLÉGE DE MAGUELONNE.

En sixiesme lieu, nous nous sommes transporté au collége de Maguelonne, où ayant assemblé les prieurs et collégiats en la salle, nous avons trouvé, par la lecture des tiltres qu'ils nous ont représentés, qu'il a esté fondé, en l'année 1370 (3), par Audoin, évesque d'Ostie, pour l'éducation de dix escoliers, et qu'ayant esté réformé, en vertu d'une bulle du pape Martin, de l'année 1418, par Dominique de Florence, archevesque de Toulouse, en 1420, le nombre fut augmenté d'un prestre, avec cette différence néantmoins, que la place du prestre est à vie, et que celles des estudiants ne sont que pour sept ans ; les statuts pour ce qui concerne la discipline estant conformes à ceux des colléges précédents. Et il est aussy dit par la fondation que la collation des places appartiendroit aux exécuteurs testamentaires du cardinal de Sainte-Sabine, et, en leur deffaut, absence ou négligence, au chancelier ou recteur de ladite Université qui donne ensuite des provisions.

Les revenus dudit collége montent environ à la somme de mil

---

(1) *Gall. christ.*, t. XIII, col. 271 et 272.

(2) *Rapport* etc. « Les dépenses ordinaires, à ce que nous avons peu juger par la lecture des comptes qui nous ont esté représentés, sont : pour le luminaire et entretenement de la chapelle, xx liv.; pour les réparations, xxx liv.; gages d'advocat, procureur, et secrétaire, xxxvi liv.; gages de deux valets, 60 liv., décimes et réparations des églises des bénéfices, 200 liv.; et sur ce qui reste après l'acquit de ces dépences, il se distribue à tous les collégiats chacun trois petits pains, trois véhauts de vin et un quart de mouton par jour ; et, quand il n'y a pas de quoy fournir, les escoliers vacquent. »

(3) Date évidemment fausse ; car, en 1370, Audouin était mort depuis déjà six ans. Voy. Ughelli, *Italia sacra*, t. I, col. 72. Le collége de Maguelonne, au rapport de d'Aguesseau, fut fondé le 3 mai 1363.

livres de rente, laquelle n'estant pas suffisante pour l'acquit des charges et pour la nourriture desdits collégiats pendant toute l'année, ils sont obligés de s'absenter pendant cinq ou six mois (1); ce qui interromproit fort leurs estudes, s'ils fréquentoient les escoles comme ils sont obligés.

Quant aux bastiments dudit collége, nous les avons trouvés en assez bon estat. Ils consistent en trois corps de logis, un sur la rue, en autre au bout, et un sur l'aisle gauche, ayant un petit jardin au milieu, et un petit sur le derrière. Il y a une chapelle mal en ordre, et dont le plancher est corrompu, une grande salle avec les offices et logements pour le nombre desdits collégiats; le dessus de l'église et le reste qui est au corps de logis qui regarde sur la rue n'est point habité et menace ruine; et il y a de quoy faire six chambres assez commodes, s'il estoit réparé.

COLLÉGE DE NARBONNE.

Nous avons aussy visité le collége de Narbonne qui est fort petit, mal et peu solidement basty, le tout estant de bois corrompu et de

(1) *Rapport*, etc. « Les revenus de ce collége consistent en soixante dix cestiers de bled froment, soixante paires de volaille, trois cens œufs et une charrettée de foin, provenant de la ferme d'une metterie seize à Cairats; vingt-quatre cestiers de bled froment, une pipe de vin, quatorze paires de volaille et trois cens œufs, provenant de la ferme d'une metterie scituée à Florence; trente quatre cestiers de bled froment, un cestier d'avoine, quarante paires de volaille, une pipe de vin, deux charrettées de foin et cent œufs, provenant de la ferme d'une metterie scituée à Mons; quarante cestiers de bled froment, une pipe de vin, dix huit paires de volaille, et cent œufs, provenant d'une metterie scituée à Villeneuve; trois cens quatre vingt quinze livres pour la ferme de plusieurs prez; trois cens livres de menues rentes et soixante livres de louage de granges; le tout montant: en argent, 753 liv.; en bled, cent soixante huit cestiers; en avoine, un cestier; en vin, trois pipes; en foin, trois charrettées; en volaille, cent trente deux paires, et huit cens œufs.

« Dont est donné à chaque collégiat pour quatre petits pains, et six sols d'argent pour le vin et pour la viande.

« A trois valets, par jour, trois petits pains et un sol six deniers pour le vin et pour la viande; plus.......... pagelles de bois et deux cens de fagots pour le feu de la cuisine et pour le chauffage des collégiats; plus, au prieur, dix sept livres de récompense, et pareille somme au prostro; soixante douze livres, pour les gages des trois valets; 15 liv. pour ceux du chirurgien; 12 liv. pour le jardinier; 6 liv. pour ceux du couvreur; et environ 300 liv. pour les tailles et frais de procès, ainsy qu'il nous a esté justifié par les comptes qui nous ont esté représentez. »

terre ou torchis; ce qui ne peut servir à aucun usage. Nous avons aussy remarqué qu'il est occupé par des pauvres gens.

Ledit collége a esté fondé, en 1345, par l'archevesque d'Arles (1), pour l'entretien de deux prestres et dix escoliers, avec les mesmes statuts et règlemens que ceux que nous avons remarqué cy dessus avoir esté faits pour les autres colléges, desquels escoliers deux devoient estre chanoines de l'église d'Arles sans autres bénéfices; deux des terres et seigneuries deppendantes dudit archevesché, et deux de la paroisse de Saint-Pierre d'Avesat, lieu de naissance dudit fondateur, à la charge que où il ne s'en trouveroit point dans ledit lieu, ils seroient pris des paroisses plus voisines; les autres six pouvoient estre pris indifféremment de tous lieux, mais par succession de temps. Les revenus dudit collége sont diminués à tel point qu'en l'année 1608, l'Université de Toulouse, à laquelle le patronat de ce collége a esté donné, a réduit ce nombre de douze à quatre seulement, dont deux sont prestres et deux estudians, qui pour tout revenu ont chacun environ sept sestiers de bled, qui vaut par année commune cent sols le sestier, avec le couvert.

Collége de Saint-Raymond.

Nous avons visité en outre le collége appelé de Saint-Raymond, fondé, en l'année 1403, dans l'enclos des murs de l'abbaye de Saint-Sernin, par l'aumônier de ladite abbaye; lequel collége nous avons trouvé solidement basty, contenant une belle chapelle, une grande salle en bon estat, accompagnée de ses offices, qui sont inutiles, parce qu'ils sont en mauvais estat. Il reste un petit corps de logis au dedans de la maison, qui contenoit quatre chambres, lequel n'est point habité parce qu'il est en ruine.

Nous avons trouvé peu de mémoires de la dotation de ce collége; et il nous a seulement paru que lors de la sécularisation du chapitre de Saint-Sernin, l'aumônerie ayant esté unie à la manse capitulaire, le chapitre, par transaction passée avec les escoliers de ce collége en l'année 1557, qui se trouvèrent alors en nombre de deux prestres et de seize escoliers, s'obligea de leur fournir soixante douze sestiers de bled et vingt pipes de vin par chacun, qui ne suffisent pas aux collégiats pour leur nourriture pendant toute l'année; et lesdits collégiats sont obligés de se pourvoir du surplus qui leur est nécessaire pour leur nourriture et pour leur chauffage, à leurs

---

(1) Jean de Baux. Voy Gall. christ., t. I, col. 576.

frais, de sorte que n'ayant pas de quoy vivre ils s'absentent souvent.

Le chapitre de Saint-Sernin dispose des places vaquantes et les remplit. La discipline de ce collége est réglée par des statuts semblables à ceux des autres.

COLLÉGE DE SECONDAT.

Le collége de Secondat est une petite maison de particulier, partie assez bien bastie, et partie de torchis, contenant cinq ou six petites chambres, et une salle basse qui sert de cuisine et de réfectoire. Il y a en outre une petite chapelle de huit pieds en quarré, mal propre et mal entretenue, une cour et un petit jardin; et par les tiltres de son établissement qui nous ont esté représentés, nous avons trouvé qu'il a esté fondé, en 1554, par Jacques de Secondat, chanoine de l'église de Saint-Estienne, pour l'entretien d'un prestre et de cinq escoliers, qui ne jouissent que de deux cent quelques livres de revenu, les charges payées. C'est un gentilhomme d'Agen, nommé Secondat de Roques, qui pourvoit aux places dudit collége, quand elles sont vaquantes, comme héritier du fondateur.

ABUS DES UNIVERSITÉS ET COLLÉGES.

Et toutes lesdites visites faites, lesdits procureurs du roy et scindic général de la province nous ont remontré qu'après avoir tiré tous les esclaircissements que Sa Majesté pouvoit désirer concernant la fondation, establissement, statuts, règlements et revenus de ladite Université et des Facultés et colléges en deppendans, il estoit aussy nécessaire d'entrer en connoissance des abus qui s'y sont introduits, contre et au préjudice des ordres establis par les tiltres desdites fondations, pour y apporter les remèdes convenables, sur les avis que nous luy en donnerions; requérant à cette cause qu'il nous plust sommairement en informer pour ensuite donner nos avis.

Nous, en conséquence de ladite réquisition, avons de rechef mandé et fait venir devant nous, en l'archevesché dudit Toulouze, lesdits recteur, professeurs, régens et autres docteurs, mesmes les prieurs desdits colléges, lesquels nous avons séparement ouys et interrogés. Nous avons aussy veu et entendu tous les escoliers ou collégiats de chacun desdits colléges, pour en sçavoir l'aage, la qualité, la manière dont ils avoient esté introduits dans lesdits colléges, les Facultés et escoles qu'ils fréquentoient, et la manière dont ils estudioient.

Nous avons trouvé premièrement, à l'égard desdits colléges, que les places desdits collégiats sont tombées en commerce et sont devenues vénales; que lesdits collégiats, abusans de la faculté que les fondateurs leur ont laissée d'estire des sujets pour remplir les places vaquantes, au lieu d'y procéder de bonne foy et selon les intentions des fondateurs, ils concourent unanimement à la simonie que commettent ceux qui en sortant les vendent; et ne présentent jamais aux patrons et proviseurs desdites places que celuy que ceux qui s'en sont démis leur ont nommé; et se prestent mutuellement cet office, pour vendre lesdites places ou pour les conserver et perpétuer dans des familles : ce qui nous a paru estre assés commun.

Nous avons trouvé encore que, quoyque les places des prestres qui sont auxdits colléges ne puissent et ne doivent en manière quelconque estre prises pour des bénéfices, ne portant ny décimes ny autres charges quelconques, auxquelles les bénéfices sont sujets, néantmoins lesdits prestres en disposent par démission, comme dessus, ou par résignation; et que les résignataires surprennent des provisions en cour de Rome au préjudice des légitimes patrons et proviseurs; au moyen de quoy lesdits colléges sont ordinairement remplis de prestres ignorants et incapables et qui ne sont d'aucune utilité, soit pour l'instruction, soit pour la conduite des escoliers.

Et quoyque le roy soit patron dans les colléges de Foix et de Périgord, depuis que ces deux comtés ont esté unis à la Couronne, et qu'ainsy les collégiats qui présentement y occupent des places ayent deu recourir à Sa Majesté pour en estre pourvous, suivant les termes des fondations, il se trouve néantmoins qu'eux mesmes ont disposé desdites places, et que dans un nombre de quarante neuf escoliers dont lesdits deux colléges sont composés, il ne s'en trouve que quatre qui ayent pris de provisions du gouverneur ou du lieutenant pour le roy dans le pays de Foix.

Nous avons trouvé aussy qu'encore que lesdites places ne soient destinées que pour les pauvres et pour des escoliers qui soient en estat de fréquenter les escoles de droit canon et civil, elles sont remplies, sçavoir, celles des prestres par des bénéficiers, et les autres, par des gens riches et accommodés et par des enfants qui estudient dans les plus basses classes; que pour la plus grande partie ils n'estudient en aucune manière, ou le font avec un tel désordre, que tel qui fréquente les escoles de théologie prend aussy leçon de médecine, si nonchalamment et avec si peu d'application que leur plus grande crainte estoit que nous les obligeassions à nous représenter eurs cayers. Et en effet leurs principaux exercices sont de porter l'espée et de battre le pavé de jour et de nuit; et lesdits collèges sont devenus des lieux de débauche où l'on tient des maistres d'armes et de danser : de sorte que c'est assez de dire qu'un homme est collégiat, pour persuader qu'il vit dans toute sorte de déréglements.

Nous avons reconnu que ces désordres viennent particulièremen de ce qu'il n'y a point de principal, ou quelqu'autre personne préposée, qui ayt authorité sur les escoliers ou collégiats, et qui veille tant sur leurs mœurs que sur leurs estudes, et sur l'observation de la discipline.

Que les prieurs qui doivent estre chargés de ce soin, estant dans le mesme déréglement que leurs compagnons, leur laissent toute la liberté qu'ils sont bien aise d'avoir à leur tour, lorsqu'ils sont hors de charge; et que les prestres n'y ayant aucune authorité, que lorsqu'ils sont prieurs, ne se sont jusques à présent mis en devoir de faire quelque correction, qu'il n'en soit arrivé du désordre et de la rébellion.

Pour ce qui est de l'administration des biens desdits collèges, veu les déréglements des collégiats, il est aisé de se persuader qu'elle a esté très-mal faite : d'où vient que les revenus en sont diminués très considérablement, et que excepté le seul collège de Saint-Martial, où nous avons trouvé que les collégiats ont vécu avec œconomie, au point qu'ils ont fait quelque espargne et tenu ledit collège en bon estat, tous les autres sont obérés, et les lieux, ou du moins partie d'iceux, très mal tenus. Et nous avons trouvé aussy que, lorsque les commissaires que le Parlement a nommés pour le régime desdits collèges, ont pris connoissance de l'estat d'iceux et de ce qui s'y passoit, ce n'a esté que pour remplir d'authorité les places vaquantes, au préjudice du droit des patrons et proviseurs légitimes, sans qu'il nous ayt paru qu'il ayt esté rendu aucune ordonnance, n'y fait aucun réglement pour y restablir l'ancienne discipline et régler les estudes desdits collégiats.

Pour ce qui les regarde collèges de l'Esquille et des pères Jésuistes, nous avons trouvé que l'on y apportoit toutes les assiduités possibles pour y faire profiter les escoliers; mais nous avons trouvé qu'en l'un et en l'autre on manquoit à une chose qui nous a paru très importante, qui est que la pluspart des régens sont de jeunes frères ou de jeunes maistres que les recteurs mettent dans les classes et font ordinairement monter de classe à autre sans considérer s'ils y sont propres ou non; de sorte que l'on peut dire deux choses : ou que souvent les maistres ont autant besoin d'estre enseignés que les escoliers mesmes, ou que l'on ne les met dans ces sortes d'employs, que pour leur donner le temps de s'instruire en enseignant.

Nous avons aussy reconnu que les collégiats estans meslés parmi les autres escoliers, ils se corrompoient les uns les autres, et s'entretenoient dans un libertinage qui estoit venu à tel excès, que lorsqu'ils estoient menacés d'estre chassés en un collége ils passoient impunément en l'autre, ou s'absentoient tout à fait pour plusieurs mois de l'année et par ce moyen perdoient le fruit de plusieurs années de leurs estudes.

Et ayant exactement recherché ce qui a fait le relaschement de l'Université, nous avons trouvé que les escoliers, qui de leur propre poids penchoient assez au libertinage, y estoient encore entretenus par la négligence des professeurs régens qui font corvées d'aller aux escoles, s'absentent des jours, des sepmaines, des mois et des années entières, se contentant quelquesfois, lors de ces longues absences, de substituer quelque moyen ou quelque autre lecteur ignorant en leur place, lesquels manquant de capacité, tombent dans le mespris et estoient abandonnés des escoliers.

Que la négligence desdits escoliers estoit encore entretenue par les grandes et longues vacations que l'on donne depuis la Saint-Jean jusques à la Saint-Martin.

Que les degrés s'obtenoient sans avoir estudié le temps porté par les statuts, ou pour mieux dire, sans avoir estudié, sans que les escoliers fussent obligés de représenter leurs cayers escrits de leurs mains, des leçons qu'ils avoient prises, mais sur des simples certificats de deux de leurs compagnons, qui attestoient les avoir veu fréquenter les escoles : les bedeaux et secrétaires de ladite Université, qui ne prenoient pas le soin d'escrire le nom des escoliers sur le registre de la matricule, donnant lieu à la fausseté de tous ces certificats que lesdits escoliers se donnoient les uns aux autres.

Que l'on donnoit le degré de bachelier sur un examen fait par un seul docteur en particulier et sur son certificat, sans qu'il fust besoin d'estre maistre ès arts, et qu'en un mot on accordoit le doctorat à toute sorte de personnes indifféremment, pour peu qu'ils eussent estudié, pourveu qu'ils portassent la quittance du bedeau pour le payement des droits.

MÉMOIRES DU RECTEUR ET DES PROFESSEURS RÉGENS DE L'UNIVERSITÉ TOUCHANT LES REMÈDES CONTRE LESDITS ABUS.

Et pour ne rien obmettre de ce qui nous a esté ordonné par Sa Majesté, auparavant de dresser nostre avis touchant les tempéraments qui peuvent estre pris pour remédier auxdits abus, n'ayant trouvé dans les colléges où il ne se faisoit point d'exercice aucune personne ou assez intelligente ou assez désintéressée pour nous servir en ce point; n'ayant trouvé aussy dans les colléges de l'Esquille et des pères Jésuistes aucuns abus considérables, pour raison desquels nous deussions nous informer des moyens d'y pourvoir : nous avons ordonné aux recteur et docteurs régens de l'Université de nous donner leurs mémoires, contenant leurs avis de ce qu'ils estimoient devoir estre fait pour remédier à tous les abus cy-dessus mentionnés : à quoy les uns et les autres ayant satisfait, nous en avons colligé ce qui en suit :

Premièrement, qu'il estoit à propos que les règlements qui seront faits pour l'Université de Toulouse soient aussy observés dans les autres Universités du royaume.

En second lieu, de faire garder l'ordre de la matricule, qui n'est autre chose qu'un registre dans lequel tous les escoliers, quinze jours après leur arrivée, doivent estre obligés de faire escrire leur nom et celui de leur pays et du professeur sous lequel ils estudient, duquel, auparavant qu'ils soient enregistrés, ils apporteront certificat comme ils prennent leçon sous luy ; ce qui se renouvellera toutes les années, pour justifier combien de temps chaque escolier aura estudié en ladite Université ; de sorte que ceux qui auront négligé de se faire enregistrer ne puissent en façon quelconque estre admis aux degrés.

Qu'il est à propos de faire observer les anciens statuts pour le temps des estudes pour pouvoir obtenir les degrés, à moins qu'il ne plaise au roy autrement le régler ; et que nul n'en puisse estre dispensé. Qu'il est aussy à propos que les prétendans auxdits degrés, auparavant d'estre admis à faire aucun acte, passent par un sévère examen, fassent ensuite les actes publics, observant les interstices entre les uns et les autres en la mesme forme et manière qu'il se pratique dans les Facultés de Paris, particulièrement en Sorbonne, à l'instar de laquelle la Faculté de théologie de l'Université de Toulouze a esté establie.

Qu'il faut aussy, en ce qui regarde ladite Faculté, que les gradués réguliers et autres docteurs non régens soient admis aux assemblées et remis en possession du rang et de la scéance qui leur sont donnés par les anciens statuts, à la charge néantmoins qu'ils seront tenus de se faire aggréger en l'Université : auquel effet ils seront tenus de subir un nouvel examen, et de faire un nouvel acte public pendant les deux scéances du matin et du soir d'une triduane ; et qu'à l'avenir un gradué ne pourra se servir de son grade pour obtenir des bénéfices dans le ressort du Parlement de Toulouze, qu'auparavant il n'ayt esté aggrégé.

Mais que comme la sepmaine sainte, que nostre ordonnance portant deffenses d'admettre aucunes personnes aux degrés fut signifiée aux chancelier et recteur de ladite Université, toutes les escoles sont devenues désertes, parce que tous les escoliers, prévoyant la difficulté qu'il y auroit à l'avenir pour obtenir lesdits degrés, se sont retirés en foule aux Universités voisines, et notamment en celle de Cahors où l'on a reçeu généralement tout ce qui s'est présenté, mesme des escoliers estudiants actuellement à la grammaire : il estoit important pour le restablissement desdites escoles, que toutes les collations de degrés faites depuis les Pâsques dernières fussent déclarées nulles et abusives.

Que du reste l'authorité que les chancelier et recteur de ladite Université avoient pour visiter lesdites escoles et colléges, et pour apporter aux abus qui se commettent l'ordre nécessaire, par les ordonnances qu'ils ont droit de rendre, estant entièrement esteinte par celle que les commissaires du Parlement se sont attribuée de connoistre et de vouloir décider de tout ce qui concerne ladite Université : elle doit estre restablie aux termes des anciens statuts et priviléges de ladite Université.

Que lesdits commissaires s'estans aussy rendus les maistres des élections par l'authorité qu'ils ont prise sur les électeurs, des suffrages desquels ils disposent absolument, lorsque les chaires se donnent au concours, il est de la dernière conséquence pour remplir lesdites chaires de professeurs les plus habiles qui se pourront rencontrer, que par toute sorte de moyens lesdites élections soient rendues libres; et il seroit mesme à propos qu'il plust à Sa Majesté d'accorder auxdits électeurs une évocation générale de leurs causes par devant d'autres juges que ledit Parlement.

Qu'enfin lesdits professeurs n'ayant que de petits gages dont on leur faisoit perdre une partie par des droits de remise que l'on prenoit d'eux, le restant ne leur estant payé qu'avec difficulté, et ne pouvant rien tirer de la pension de deux mil livres qui leur est assignée sur les prélats, abbés, prieurs et autres bénéficiers du ressort du Parlement de Toulouze, qu'avec des frais qui excèdent les revenus, ils supplioient très humblement Sa Majesté de vouloir employer son authorité de manière que lesdits revenus leur soient payés exactement et sans frais, afin que sans distraction ils puissent se donner entièrement à l'estude et à leurs escoles.

Et tout ce que dessus veu est examiné et deuement considéré, ouy lesdits procureur du roy et scindic général de la province de Languedoc en leurs conclusions.

AVIS DESDITS SIEURS COMMISSAIRES POUR LE RÈGLEMENT DES COLLÉGES DE L'ESQUILLE ET DES PÈRES JÉSUISTES OU S'ENSEIGNENT LA GRAMMAIRE, LES HUMANITÉS, LA RHÉTORIQUE ET LES ARTS, ET POUR LES ARTS MESMES.

Nous sommes d'avis sous le bon plaisir de Sa Majesté, premièrement, en ce qui concerne les colléges de l'Esquille et des pères Jésuistes, où s'enseignent les grammaires, les humanités, la rhétorique et les arts, qu'il y soit tenu par chacun an un rolle fort exact de tous les escoliers qui y estudieront, classe par classe, qui sera vérifié deux fois l'an, sçavoir, une fois incontinent après les festes de Pasques, et immédiatement avant les vacations, pour connoistre si lesdits escoliers auront esté assidus auxdites escoles.

Qu'où il arriveroit pendant le cours de l'année qu'un escolier, sous quelque prétexte que ce puisse estre, vinst à quitter un desdits colléges pour aller estudier en l'autre, qu'il ne puisse y estre reçeu ; sinon sera l'année de son estude perdue, et ledit escolier tenu de recommencer à estudier une nouvelle année en la mesme classe dont il sera sorty ; pourquoy le préfect des classes du collége dont il sera sorty sera tenu et obligé d'en donner avis au recteur de l'Université, à ce qu'il tienne la main à l'exécution de ce règlement.

Que nul escolier ne puisse estre admis à monter d'une classe à l'autre, qu'il n'ayt esté auparavant bien et deuement examiné, en la manière qu'il se pratique auxdits colléges ; que le chancelier et le recteur de ladite Université pourront, si bon leur semble, assister auxdits examens ou y commettre des docteurs ou bacheliers de ladite Université ; et que ce réglement sera particulièrement exécuté, lorsque les escoliers monteront de rhétorique en philosophie, en laquelle ils ne pourront estre reçeus en aucune manière qu'avec un certificat, en bonne et deue forme, des régens sous lesquels ils auront estudié, des préfects des classes et des examinateurs, portant qu'ils ont aptitude pour les estudes et sont capables d'entrer en ladite classe de philosophie.

Que les préfects des classes soient tenus, quinze jours au moins auparavant l'ouverture d'icelles, tant après les vacations qu'après les festes de Pasques, de dresser une table des autheurs latins et grecs qui seront leus et les autres choses qui seront enseignées en chacune des classes, pour estre affichée aux portes de chacun collége et partout ailleurs où besoin sera, après néantmoins qu'elle aura esté approuvée par l'Université ; à laquelle fin, lesdits prestres seront tenus de la communiquer au recteur.

Que les quatre parties de la philosophie soient enseignées dans lesdits colléges dans deux ans et par un mesme régent, ainsi qu'il est accoustumé d'estre fait, et mesme par l'un des professeurs royaux des arts, en la salle de l'Université ; et que les mathématiques soient enseignées par l'autre professeur, soit alternativement, soit à tousjours, ainsy qu'il sera trouvé plus à propos par ladite Université ; de manière néantmoins qu'en chacune année il soit donné leçon d'arithmétique et de fortification, et que les escoliers qui auront estudié, soit aux escoles de l'Université, soit aux escoles de l'Esquille, soit en celle des pères Jésuistes, soient indifféremment admis aux degrés de bachelier et de maistre ès arts.

Il plaira à Sa Majesté d'ordonner que les prétendans auxdits degrés seront tenus de rapporter par devant les examinateurs les extraits des registres de matricule, leurs cayers en bonne et deue forme, escrits de leur main, avec le certificat du maistre sous lequel ils auront estudié pendant les deux années du cours de philosophie, depuis l'ouverture des classes jusques à la fin, et qu'ils ont entièrement escrit tout ledit cours ; et sera en outre ledit certificat visé par le préfect des classes, et scellé du sceau du collége ; et encore ne pourront estre reçeus, qu'ils n'ayent esté bien et deuement examinés, ainsy qu'il se pratique en l'Université de Paris, et qu'ils n'ayent esté trouvés capables.

Mais afin que les escoliers, estudians sous de bons régens, puissent d'autant mieux avancer dans la connoissance des lettres, Sa Majesté pourra, si bon luy semble, faire deffenses aux recteurs desdits colléges de remplir leurs classes de jeunes maistres et de les faire monter annuellement de classe à autre, comme il se pratique ordinairement ; et leur ordonnera de mettre recteur et appliquer auxdites classes les régens qui seront reconnus les plus propres pour chacune d'icelles.

Et d'autant que nous avons reconnu que ledit collége de l'Esquille est mal entretenu, parce que les capitouls qui sont chargés de le réparer et de l'entretenir négligent de le faire, et que les pères Doctrinaires qui n'en sont pas tenus et qui n'y sont que pour un temps ne se veulent point engager dans cette despense ; nous estimons, sous le bon plaisir de Sa Majesté et de son Conseil, qu'il seroit à propos de fixer et establir pour tousjours lesdits Doctrinaires, ou telle autre personne qu'il plaira à Sadite Majesté, dans ledit collége, et d'obliger lesdits capitouls à leur fournir jusques à la somme de quatre mil cinq cens livres de pension, à la charge qu'ils seront chargés des réparations et obligés d'entretenir les bastiments en bon estat, et bastir à leurs despens les lieux qui sont nécessaires pour rendre ledit collége complet, avec condition néantmoins que, s'ils venoient à manquer aux choses dont ils sont tenus, ils pourront estre congédiés sans espérer aucun dédomagement que les frais et despens qu'ils auront faits en bastiments et autres choses.

Règlement pour les colléges de Saint-Martial, de Foix, de Périgord, de Sainte-Catherine, de Mirepoix dit Saint-Nicolas, de Maguelonne, de Narbonne et de Secondat.

Pour ce qui est des autres colléges, sçavoir: Saint-Martial, Foix, Périgord, Sainte-Catherine, Mirepoix dit Saint-Nicolas, Maguelonne et Secondat, où il ne se fait point d'exercice, pour corriger tous les abus que nous y avons trouvés et y restablir le bon ordre et la discipline, de manière que les escoliers puissent y estudier avec succès, et que le public en tire le fruit que Sa Majesté s'est proposé par le soin qu'elle a bien voulu prendre d'en faire la réformation : nous estimons qu'il est à propos d'establir en chacun d'iceux un principal qui soit homme de probité, d'expérience et d'érudition, qui soit choisy, si faire se peut, dans l'Université de Paris, pour avoir jurisdiction sur les collégiats et l'intendance de la maison.

Il plaira à Sa Majesté d'ordonner que nul ne pourra estre reçeu ausdits colléges qu'il ne soit du lieu et de la qualité requise, suivant les fondations de chacun ; et d'autant qu'ils doivent estre pauvres, et que les gens de cette sorte estant bien aises de s'engager dans les lettres ou par ambition ou par fainéantise, se dispenseroient volontiers de s'appliquer aux arts et manufactures ou au labourage pour suivre les escoles, si on leur donnoit cette commodité de pouvoir estudier sans frais : nous sommes d'avis, pour éviter cet inconvénient, que les escoliers ne puissent estre reçeus ausdits colléges qu'ils n'ayent estudié au moins cinq ou six années, et qu'ils ne soient au moins trouvés capables d'entrer en rhétorique.

Que lesdits escoliers ayant esté reçeus pourront demeurer deux ans en rhétorique : après lesquels, s'ils se trouvent n'avoir point profité et estre ineptes aux lettres, ils seront mis hors desdits colléges; que pour cet effet, outre l'examen ordinaire que lesdits collégiats subiront dans les escoles où ils estudieront, ils seront tenus d'en subir un autre qui sera fait par l'archevesque ou son vicaire général, le chancelier, et le recteur de ladite Université, ou autres examinateurs par eux nommés et commis, et par le principal du collége, dans lequel ils feront résidence: lesquels jugeront de leur capacité, et ordonneront de leur sortie ou de leur rétention; et estans trouvés capables et retenus, ils estudieront en philosophie pendant deux ans, après lesquels ayant esté examinés et trouvés capables comme dessus, ils pourront estudier en théologie et en droit canon et civil, et demeurer auxdits colléges jusques à ce qu'ils soient receus licenciés et qu'ils y ayent esté pendant le temps convenable à cet effet.

Que ledit temps advenu ou le cas arrivant que lesdits escoliers, faute d'avoir esté trouvés capables, soient mis hors desdits colléges, leurs places seront censées vaquantes, et remplies par les patrons et collateurs ordinaires, lesquels pour cet effet seront advertis d'y pourvoir par le principal du collége; et le cas arrivant qu'ils manquassent de le faire dans deux mois, ou que ceux qu'ils présenteront n'eussent les qualités requises par les statuts, le droit d'y pourvoir sera dévolu à telle ou telles personnes qu'il plaira à Sa Majesté d'ordonner.

Lesdits collégiats ne pourront fréquenter l'un ou l'autre desdits colléges, ou prendre leçon en théologie ou en droit d'un professeur plustost que de l'autre, sans la participation et conseil dudit principal, auquel ils seront tenus de rendre compte, toutes fois et quantes que bon luy semblera, de leurs estudes, et de luy représenter leurs cayers, afin que par ce moyen il puisse estre informé de leur application et assiduité.

Mais comme nous avons cy-devant remarqué que les revenus desdits colléges estoient considérablement diminués, de manière que les escoliers, faute de subsistance, estoient obligés de s'absenter et d'abandonner ou du moins d'interrompre leurs estudes, ce qui produisoit un effet contraire à l'intention des fondateurs, et que l'avis que nous donnons à Sa Majesté d'establir en chacun d'iceux un principal auquel il est à propos de donner des appointements raisonnables, que nous estimons devoir estre réglés à six cens livres, absorberoit tous les revenus desdits colléges : nous, suivant ce que nous avons reconnu avoir esté pratiqué par le passé, disons qu'il est à propos, non seulement de réduire le nombre desdits collégiats, mais mesme celuy desdits colléges.

Pour cet effet, du nombre des huit colléges cy-dessus mentionnés, qui sont Saint-Martial, Foix, Périgord, Sainte-Catherine, Mirepoix dit Saint-Nicolas, Maguelonne, Narbonne et Secondat, nous estimons qu'il est à propos d'en supprimer les cinq derniers, et réserver seulement ceux de Saint-Martial, Foix et Périgord qui sont les plus espacieux, les plus logeables, mieux entretenus et plus commodes: conservant le nombre d'escoliers qui peut y estre commodément logé, conservant aussy, sy c'est le bon plaisir de Sa Majesté, tant à cet égard que pour le patronat, ce qui est prescrit par les fondations.

Le nombre desdits escoliers pourroit estre de quatre vingt treize, à raison de trente un pour chacun desdits trois colléges, sçavoir: vingt du collége de Saint-Martial; vingt un du collége de Foix; et vingt du collége de Périgord; vingt de celuy de Sainte-Catherine, dont les revenus sont suffisants pour la nourriture desdits escoliers, qui est le nombre porté par leurs fondations; six du collége de Maguelonne, à quoy nous estimons devoir estre réduit le nombre de dix porté par la fondation; un du collége de Narbonne, à quoy nous estimons que le nombre de dix doit estre réduit; quatre du collége de Saint-Nicolas, à quoy l'on peut réduire le nombre de sept porté par la fondation, et un du collége de Secondat, à quoy le nombre de cinq porté par ladite fondation peut estre réduit, eu égard à la foiblesse et modicité desdits colléges.

Mais parce qu'outre les escoliers susdits il y a encore dans lesdits colléges jusques au nombre de vingt un prestres dont les places sont perpétuelles, sçavoir: quatre au collége Saint-Martial, quatre en celuy de Foix, quatre en celuy de Périgord, quatre en celuy de Sainte-Catherine, deux en celuy de Narbonne, et un en chacun de ceux de Mirepoix, de Saint-Nicolas, de Maguelonne et de Secondat, lesquels il ne seroit pas juste de priver de l'avantage qu'ils ont de tirer leurs nourritures dans lesdits colléges, la pluspart n'ayant pas d'autre patrimoine, et que d'ailleurs les revenus desdits colléges, peu excepté, sont suffisans pour pourvoir à leur subsistance: nous estimons que de ce nombre on peut en réserver jusques à neuf, sçavoir: trois pour chacun collége, outre le principal; et au regard des douze restans, il pourra estre pourveu à leur indemnité au moyen d'une pension de cent livres, qui leur sera payée par chacun an, à la réserve seulement de deux prestres du collége de Narbonne, qui jouiront chacun du bled dont ils ont accoustumé de jouir par chacun an, attendu que le revenu dudit collége n'est pas suffisant pour fournir davantage; et sera ladite pension esteinte par la mort desdits prestres au profit des colléges qui s'en trouveront chargés.

Et comme par cette réduction tant des colléges que des collégiats, les revenus des trois colléges réservés augmenteront considérablement, tant par l'extinction de plusieurs charges et despenses dont les cinq supprimés estoient tenus, que par l'extinction de plusieurs places, nous espérons que le revenu de chacun sera suffisant, non seulement pour l'entretien du nombre d'escoliers cy-dessus déclaré et desdits prestres et principaux qui vivront en communauté avec eux, mais encore pour le payement de la pension desdits principaux telle que nous avons dit cy-dessus qu'elle devoit estre réglée, et outre ce, pour fournir à chacun desdits prestres quarante ou cinquante livres pour s'entretenir d'habits.

Et pour fournir les moyens de parvenir facilement à cette réduction, nous disons que comme nous avons trouvé quantité de collégiats qui ne sont pas de la qualité requise par les statuts, les uns estans trop jeunes et dans les basses classes, les autres estans fils de familles riches et accommodées, quelques uns mesme pourveus de bons bénéfices ; qu'il y en a aussy qui ont passé le temps du séjour qu'ils peuvent faire dans les colléges ; qu'il y en a de mauvaise vie et dépravés dans leurs mœurs, qui par leur mauvais exemple pourroient corrompre les autres : il seroit à propos, si Sa Majesté veut faire ladite réduction, qu'elle donnât le pouvoir à telle ou telles personnes qu'il luy plaira d'examiner ou faire examiner chaque collégiat en particulier sur son âge, sa qualité, ses facultés, ses mœurs, ses tiltres et capacité, et sur son aptitude aux lettres, pour congédier et conserver ceux qu'ils trouveront à propos sans autres formalités, sauf à rendre compte à Sa Majesté des motifs qu'ils auront eus.

Et afin que lesdits prestres qui pourront estre réservés ne soient pas inutilles dans lesdits colléges, comme ils ont esté jusques à présent, ils seront choisis, autant que faire se pourra, parmy les bacheliers ou autres personnes capables de l'Université, pour pouvoir faire les répétitions aux collégiats, aux jours et heures réglées et marquées par les statuts, s'ils y ont pourveu, sinon par le principal ; et où ils ne seront pas gradués, ils pourront estudier et prendre les degrés ainsy que les autres collégiats.

Lesdits prestres en outre faront alternativement la recepte des revenus desdits colléges, de deux en deux ans, sans pouvoir, pour quelque raison que ce soit, estre continués dans ladite administration plus de trois ans ; et dans leurs comptes auront soin de faire différens chapitres de ce qui sera provenu des revenus de chacun des colléges qui auront esté unis, et de la despense qui sera faite pour raison de chacun, afin que si dans la suite les revenus desdits colléges venoient à augmenter, les places qui auront esté esteintes et supprimées, au moyen de la réduction, puissent estre restablies aux termes des fondations, et les droits de patronat conservés à qui il appartiendra. Et d'année en année les comptes de ladite administration seront rendus en la présence de l'archevesque de Toulouze ou de son vicaire général, de tel juge qu'il plaira au roy de nommer, tel que pourroit estre le juge mage, qui paroit le plus naturel, estant conservateur des priviléges de l'Université, et dudit principal, ayans esté au préalable communiqués à la communauté, et veus et examinés par quatre collégiats, prestres et autres députés d'icelle.

Lesdits prestres alternativement de deux en deux ans seront gardiens des tiltres et de la bibliothèque de chacun desdits colléges, à laquelle fin inventaire sera fait desdits tiltres et de tous les livres qui sont en ladite bibliothèque, dont l'original sera retenu par le notaire, secrétaire du collége, autant deslivré au principal, et autant audit prestre pour le temps qu'il sera en charge; et il ne pourra délivrer aucun tiltre ny papier, ny aucun livre, qu'en vertu de l'ordre par escrit dudit principal, lequel il mettra sur le registre du dépost, qui sera attaché par une chenette de fer dans ladite bibliothèque, et que celuy auquel il devra les délivrer ne s'en soit chargé sur ledit dépost; et sera ledit prestre tenu d'avoir soin de les faire rendre, de manière qu'à la révision desdits tiltres et livres énoncés audit inventaire, que nous estimons devoir estre fait par chacun an, il puisse les représenter; et demeurera responsable de tout ce qui se trouvera avoir esté égaré ou perdu.

Et pour empescher la continuation des abus qui se sont glissés dans lesdits colléges par le support de quelques personnes puissantes qui en ont pris connoissance, mesme pour faciliter le recouvrement de plusieurs biens desdits colléges aliénés sans cause légitime ou usurpés: nous estimons, sous le bon plaisir de Sa Majesté, qu'elle doit attribuer la connoissance de tous les procès et contestations qui regarderont en quelque manière que ce soit lesdits colléges, à son Grand Conseil, pendant quatre ans, et icelle interdite tant au Parlement qu'à tous autres juges.

Pour finir enfin tout ce qui nous paroit concerner le bien desdits colléges, nous pensons que Sa Majesté, en ordonnant la réformation en la forme et manière cy dessus déclarée, doit aussy ordonner que par le chancelier et recteur de ladite Université et les principaux desdits colléges assemblés avec les prestres réservés, lecture sera faite des anciens statuts de chacun d'iceux, pour estre fait estat des obligations portées par lesdites fondations, et estre par iceux donné avis sur les statuts qu'ils estimeront devoir estre retenus, changés, ou estre adjoustés ou diminués, pour le réglement de la discipline, des mœurs, des estudes et de l'administration des biens desdits colléges, pour leur avis veu et examiné par l'archevesque de Toulouze, à ce appelé le procureur du roy, estre dressé des statuts qui seront uniformes pour lesdits trois colléges réservés, et exécutés en chacun d'iceux à l'avenir : auquel cas Sa Majesté enjoindroit, si tel est son bon plaisir, ausdits sieur archevesque, chancelier, recteur de ladite Université, et procureur de Sadite Majesté, au sénéchal, de tenir la main à l'exécution desdits statuts ; lesquels, en tant que besoin seroit, pourront estre homologués au Parlement ou confirmés par arrest du Conseil de Sa Majesté.

Et parce qu'au moyen de la réduction desdits huit colléges au nombre de trois, il en reste cinq qui seront vuides et inhabités, nous estimons qu'ils doivent estre vendus au profit des colléges réservés, et les deniers employés à l'augmentation et réparation desdits colléges ou mis à intérest au profit d'iceux, ou employés à tel autre usage qu'il plaira à Sa Majesté, comme manufacture, Académie, et autre chose semblable. Et mesme si tel estoit le bon plaisir de Sa Majesté, l'un d'iceux pourront estre destiné pour le logement des professeurs royaux en théologie et du doyen de ladite Faculté ; et les actes de ladite Faculté se pourroient faire dans la salle de ladite maison.

Règlement du collége de Saint-Raymond.

Pour ce qui est du collége de Saint-Raymond, duquel nous n'avons point encore parlé, comme il y a présentement dix huit collégiats qui n'ont que le logement, et du pain et du vin pour y subsister seulement pendant six mois de l'année, le peu d'utilité que l'on en tire et le besoin que l'on a d'avoir en ladite ville de Toulouse un séminaire pour les ordinans, nous ont déterminé à proposer à Sa Majesté l'establissement dudit séminaire en ce collége, d'autant plustost qu'il y a une chapelle assez belle, où repose le corps entier de saint Raymond, l'un des patrons de ladite ville, en laquelle la dévotion que l'on a pour ce saint attire grande affluence de peuple. Cet establissement pourroit se faire avec le consentement du chapitre de Saint-Sernin, qui est le patron de ce collége ; à quoy il nous a paru estre disposé.

Règlement des Facultés de l'Université.

Et au regard de l'Université et des Facultés de théologie, de droit et de médecine qui en dépendent, nous approuvons fort, et ne douttons pas aussy que Sa Majesté n'approuve ce qui a esté proposé par les recteur et professeurs de ladite Université, que les réglemens qui seront faits pour la réformation d'icelle doivent estre généraux pour toutes les Universités du royaume, parce que comme tout le monde affecteroit d'estudier en celles où l'on trouveroit plus de facilité à y prendre les degrés, toutes les autres seroient désertées, et les choses retomberoient asseurément dans le mesme désordre que par le passé.

Pour cet effet, nous sommes d'avis que, comme les Facultés de théologie et de médecine de l'Université de Paris sont sans contredit les plus florissantes du royaume, il ne se peut rien faire de plus avantageux que de les prendre pour modèles et de réformer et régler sur leurs statuts les Facultés des autres Universités ; que ce qui s'observe en celles-là pour la manière d'estudier, pour le temps des estudes, pour les certificats et la représentation des cayers, pour les examens, pour les actes et les interstices qu'il doit y avoir des uns aux autres, soit observé à la rigueur en celles-cy, puisqu'elles ont esté establies et instituées, particulièrement la Faculté de théologie, à l'instar de celle de Paris.

Que nul ne puisse estre reçeu au degré de bachelier èsdites Facultés qu'auparavant il n'ayt esté reçeu maitre ès arts.

Que le professeur de pharmacie et chirurgie fera leçon des arts susdits en françois, selon son institution ; et il plaira à Sa Majesté luy pourvoir de gages.

Et pour ce qui est de la Faculté de droit, que nul ne puisse estre admis au bacalauréat qu'il n'ayt estudié dans les escoles de l'Université pendant l'espace de deux ans ; qu'il n'ayt pris au moins deux leçons par jour ; qu'il n'en rapporte les cayers escrits de sa main, et à la fin d'iceux, année par année, le certificat des professeurs sous lesquels il aura pris lesdites leçons, signés et certifiés par quatre escoliers, outre l'extrait du registre de matricule ; qu'il n'ayt esté examiné et soustenu publiquement des thèses en la présence desdits professeurs et de telles autres personnes qu'il plaira au roy de nommer, comme pourroit estre le juge mage, les conseillers et gens du roy du présidial, qui seront invités d'y assister, ainsi que pour les Universités du ressort du Parlement de Paris il a esté ordonné par arrest dudit Parlement.

Que pour obtenir le degré de licence et doctorat, les prétendans seront tenus estudier une troisiesme année, et à la fin d'icelle, après avoir esté examinés par quatre docteurs sur les points qui leur seront donnés par le chancelier, seront tenus faire un autre acte public de séances, en la mesme forme et manière que dessus.

Et afin que les estudes des escoliers qui fréquenteront ladite Université ne puissent estre interrompues à l'avenir, comme elles ont esté cy-devant par le long temps que l'on donnoit pour les vacations, que lesdites vacations seront réglées à six semaines au plus; et qu'aussy les professeurs soient tenus assiduement, et tous les jours, aux heures réglées et ordinaires, de donner leur leçons en personne, sans pouvoir substituer en leur place, sinon en cas de maladie ou autre légitime empeschement approuvé du recteur et des autres professeurs de la Faculté; et que celuy qui sera substitué ne soit approuvé de la mesme manière, le tout à peine de privation de la chaire.

Il plaira aussy à Sa Majesté d'ordonner qu'à certains jours réglés, comme pourroient estre les premiers jours de chacun mois, les docteurs et professeurs de chacune Faculté s'assembleront, sçavoir ceux de théologie en la salle du collége qu'il aura plu au roy leur accorder, ceux de droit en la salle de l'Université, et ceux de médecine en l'escole de médecine, pour régler ce qui concernera chacune desdites Facultés, et notamment après les lectures finies, pour aviser entre eux et se régler sur les traités qu'ils pourront enseigner pour le plus grand succès des estudes desdits escoliers, afin que pendant le temps des vacations ils puissent se préparer.

Qu'auxdites assemblées pourront assister tous les docteurs régens et non régens qui seront reçeus cy-après et auront séance et voix délibérative dans l'Université, tant pour juger des actes que pour opiner sur les matières doctrinales et réception des docteurs régens ou autres; et que le plus ancien docteur de chacune Faculté y présidera, sauf qu'en la Faculté de théologie les docteurs conventuels ne le pourront faire.

Et pour ne pas priver les docteurs qui ont esté cy-devant reçeus de ce privilége, et pour réparer aussy en quelque façon les désordres qui peuvent s'estre glissés par le passé dans la conduite que l'on a tenue en la collation des degrés, ausquels on a trop facilement et indifféremment admis toute sorte de personnes, il sera ordonné que les docteurs et autres gradués qui voudront estre reçeus ausdites assemblées et aggrégés à l'Université, subiront un nouvel examen et feront un acte public pendant les deux séances du matin et du soir, ausquels l'archevesque et autres personnes qualifiées de la ville seront invitées, sauf néantmoins les docteurs de la Faculté de Paris, lesquels toutes et quantes fois qu'ils se présenteront seront admis et aggrégés.

Et pour exciter lesdits docteurs et gradués cy-devant reçeus à s'appliquer aux lettres de manière qu'ils puissent subir l'examen et faire l'acte cy-dessus, nous estimons qu'il est important que Sa Majesté ordonne, qu'en cas de contestation entre gradués pour la préférence sur quelque bénéfice, dans ledit mois de rigueur, ladite préférence soit donnée et adjugée aux docteurs et gradués aggrégés à ladite Université.

Quant à ceux qui depuis nostre ordonnance, portant deffenses de recevoir aucunnes personnes aux degrés jusques à ce qu'autrement par Sa Majesté il en eût esté ordonné, se sont fait recevoir en l'Université de Cahors et autres voisines, Sa Majesté en ordonnera ainsy qu'elle trouvera à propos.

Et pour ce qui est des chaires, nous sommes d'avis qu'elles soient données à l'avenir au concours, en la mesme forme et manière qu'il s'est pratiqué par le passé, sauf que les trois chaires de professeurs royaux en théologie ne pourront estre tenues par aucuns religieux, mais seulement par des docteurs séculiers ; et mesme nous estimons que deffenses doivent estre faites aux régens conventuels de recevoir en leurs escoles autres escoliers que ceux de leur ordre.

Nous estimons aussy que tous les docteurs régens faisant le serment par devant le recteur doivent estre obligés par ledit serment à n'enseigner aucune doctrine qui ne soit conforme aux franchises et libertés de l'Église gallicane.

Et afin que lesdites chaires puissent estre remplies d'hommes capables et qu'estant mises au concours, toutes personnes puissent estre excitées à se présenter pour les disputer par la justice qu'ils doivent espérer des électeurs, sans qu'ils en soient divertis par les pratiques que les particuliers qui sont establis en ladite ville pourroient faire pour les obtenir par faveur au préjudice des plus habilles gens : inhibitions et deffenses seront faites à tous prétendans et autres personnes interposées de faire aucunes brigues ny monopoles pour gaigner les électeurs, à peine de perte de son degré et d'estre déclaré indigne et incapable de faire aucun exercice en la Faculté dont ledit prétendant sera ; à laquelle fin, après les disputes finies, le corps de l'Université estant assemblé pour procéder à ladite élection, et auparavant que lesdits électeurs puissent donner leur voix, ils jureront par serment qu'ils presteront entre les mains du recteur, en la présence de l'archevesque, du juge mage, et du procureur du roy en la sénéchaussée, que directement ny indirectement par aucuns des prétendans ou autres personnes interposées, ils n'ont esté sollicités de leur donner leurs suffrages, sauf à informer au contraire par ledit juge mage, à la réquisition dudit procureur du roy, et mesme par le Parlement, à la réquisition du procureur général de Sa Majesté, en cas qu'il fût reconnu y avoir comminence, laquelle clause sera déclarée et faite, à sçavoir ausdits prétendans, afin que nul n'en prétende cause d'ignorance. Et au lieu que jusques à présent lesdits électeurs ont accoustumé de donner leurs suffrages à haute voix, nous estimons qu'il est à propos, pour les rendre d'autant plus libres à faire lesdites élections, qu'il leur soit ordonné de les donner par scrutin ou balotte. Les principaux qui seront establis dans les colléges dont nous avons parlé cy-dessus ny mesme les collégiats ne seront point exclus des disputes qui se feront pour l'obtention desdites chaires.

Il ne nous reste à parler que du recteur, lequel nous estimons devoir estre pris et esleu en la manière qu'il a esté cy-devant dit ou autrement, ainsy et pour tel temps qu'il plaira au roy. Nous remonstrerons facilement à Sa Majesté qu'il seroit à propos de rendre audit recteur son ancienne authorité ou toute entière, ou du moins en partie ; qu'il est important qu'il ayt inspection sur les escoles et sur les colléges ; qu'il puisse y faire ses visites, se faire rendre compte de ce qu'on y enseigne et de ce que font les régens aussy bien que les escoliers, afin que par lesdites visites la discipline puisse estre entretenue, suivant les bonnes intentions de Sa Majesté.

Et afin que tant ledit recteur qu'autres régens de ladite Université puissent sans aucune distraction vaquer à leurs régences, Sa Majesté, si tel est son bon plaisir, ordonnera que sans aucun retranchement ils seront payés de leurs gages ordinaires et accoustumés ; et au regard de la pension de deux mil livres qu'ils ont à prendre sur les bénéfices du ressort du Parlement de Toulouse, que le département qui en a esté fait d'ancienneté sera exécuté, et les possesseurs desdits bénéfices contraints à payer les sommes portées par iceluy par saisie et exécution des revenus desdits bénéfices, sans qu'il soit besoin d'obtenir d'autre condemnation.

Finalement, comme les classes desdites Facultés sont en mauvais ordre et mal entretenues, de manière qu'à faute de vitres, la plus part des fenestres en sont bouchées et les lieux si obscurs, qu'à peine y voit-on clair pour y pouvoir escrire, Sa Majesté ordonnera, s'il luy plait, que les capitouls, dans le temps de l'année présente, seront tenus de remettre lesdits lieux en bon estat et de garnir les fenestres de vitres et d'autres choses nécessaires ; et pour les autres années fourniront par chacun an au thrésorier de ladite Université telle somme qu'il plaira à Sadite Majesté d'ordonner pour entretenir lesdits lieux en bon estat.

Fait et arresté à Toulouze le dernier jour du mois d'avril mil six cent soixante huit. *Signé* : C. D'ANGLURE, archevesque de Toulouze. BAZIN. — *Et plus bas* : Par Messeigneurs les commissaires, MARIOTTE.

www.ingramcontent.com/pod-product-compliance
Lightning Source LLC
LaVergne TN
LVHW020045090426
835510LV00040B/1425